Ándale!

A Call to Action for Latino's in Trumps Era

Dr. Marcelo GT

Published by
Hasmark Publishing, judy@hasmarkservices.com

Copyright © 2017 Manuel Marcelo Gonzalez Tachiquin
First Edition

Illustrations
Galvez

Editor
Jorge Villalobos

Cover Design
Patti Knoles
Patti@virtualgraphicartsdepartment.com

Layout
Anne Karklins
annekarklins@gmail.com

ISBN-13: 978-1-988071-60-2
ISBN-10: 1988071607

Hasmark
PUBLISHING

"*Ándale! is a fascinating read and refreshing perspective. Finding this book is like discovering a treasure chest of gold nuggets. Dr. Marcelo GT includes tips backed by spiritual and scientific understandings. If you are looking for practical, concrete ideas for action look no further. This book belongs on nightstands, shelves, and altars everywhere.*"

    – Peggy McColl, *New York Times* best selling author

"*Dr. Marcelo GT has a way of simply stating a clear path to success for the Latino who feel trapped by their circumstances in the current political rhetoric pervasive in the United States. He explains that every person already possesses everything they need in order to live the rich and successful life they've always dreamed of. Read this book and follow its system to achieve your dreams.*"

    – Mick Petersen, international best-selling author

"*Treat this book as you would your most sacred possession. Within these riveting pages is the very key to unlock the cultural prison each Human Being finds him/herself to be trapped in. There are no more excuses! Dr. Marcelo GT has clearly outlined step by step process to individual empowerment and freedom. Take action now! I have been a student of this information for several years now and I personally experienced greater insight to the power of these tools.*"

    – Marie McMahon, PTA, LMT, CECP, Proctor Gallagher Institute Consultant

"*What a creative mind Dr. Marcelo GT has to come up with a book that will broaden the horizon for many Latinos. This book will surely awaken awareness in the Latino community, but also in other communities worldwide! Wonderful to read!*"

    – Claudia de Vires, Matrixx, April 2017

"*When I met Dr. Marcelo GT for the first time I immediately realized that he had a message to share. So I really encourage you to listen with your heart what he is talking about because he really does. He is an expert when it comes to increase people's potential and the more people combine their potential the more power a certain idea or movement gains. Read this book with an open heart and mind and decide directly to read it at least three times to internalize it. It's worth it!*"

    – Stephanie Schuster, Proctor Gallagher Institute Consultant

You can't escape from a prison,
until you recognize you are in one.

BOB PROCTOR

To my dear Clau, who showed me the path since the beginning.
To Iker and Paolo, who helped me find it.

Acknowledgments and Words from the Author

Today early in the morning, when I asked God to guide me to write this book – that mostly is a guide to "awake" to success and that comes up thanks to the President of The United States of America, Mr. Donald Trump – the first thing that pop up to my mind were this words: "Do it quick, but confidently, calm and serene." Wow! It was so clear and I began the successful adventure that took me a few days earlier to start talking with excitement with my wife Claudia and with Cory Kelly, Arash Vossoggi, Peggy McColl and a group of Latinos that I just have met last week in Toronto, Canada, on the super event called Matrixx, lead by Bob Proctor and Sandy Gallagher.

I knew inside of me the sense of emergency that was there to "write confidently…but calmly" this pages that hopefully will help change the history of thought, migration and wealth of this amazing Latino community (of more than 700,000,000 in the world and near 70,000,000 only in the United States of America).

The best that I can give to my race brothers is to share the easy formula to success that I learned after one obstacle over the other. Thanks to the orientation between 2008 and 2017 from and expert, Bob Proctor, I learnt to do what I already knew but thought I couldn't do.

Prepare to succeed, because after reading this ideas, you will never be the same, people will never look at you the same way, but the most important thing: you will never think about yourself like you did before.

This book is awakening you to know all you are capable of doing in a few months, so that with wealth, success, happiness and abundance in every way, you decide if you stay to keep succeeding in the US or you come back thru the big door to your beloved country where they miss you, and now that you are rich, need you too.

Cheers, Bro!

DR. MARCELO GT
While flying in first class over the beautiful States of Texas, Tamaulipas and Nuevo León, April the 15th of 2017, coming back home from Toronto, Canada.

Los Tigres del Norte and Molotov singing to the people of the American Continent with deep feeling

> *Money is of no use,*
> *If I am like a prisoner,*
> *In this big Nation,*
> *I cry when I remember,*
> *And despite the cage is made of gold*
> *It is still a prison.*

– Los Tigres del Norte, "La jaula de oro" ("The Golden Cage")

> *To be born in America is a blessing,*
> *Land of beautiful scenes that cheers the heart,*
> *Tile of a thousand colors, beautiful women and flowers.*
> *To the towns in America I sing my song.*
> *…From America I am!*

> *I was born with the color of the dirt,*
> *By heritage my name is Castilian,*
> *The northern call me "Latino,"*
> *Don't want to call me "American."*

> *If the one who is born in Europe is an European,*
> *And the born in Africa is African,*
> *If I was born in America,*
> *Why don't they want to call me "American"?*

– Los Tigres del Norte, "América"

> *From outside you can imagine*
> *Being a Mexican crossing the border,*
> *Thinking of your family while crossing,*
> *Leaving all you know behind,*
> *If you have to dodge the bullets,*
> *Of a few gringo rangers,*
> *Will you still say "good for nothing wetback,"*
> *If you have to start from zero?*

– Molotov, "Frijolero" ("Beaner")

Contents

1

Why write this?...
It's just that we need to admit
something to Mr. Donald Trump

The world's public opinion and very often The United States' own opinion has turned Mr. Donald Trump in "everyone's favorite piñata" going up and down in a Mexican birthday party for everyone to hit, sometimes it would seem that this contradictory situation is what keeps him daily in the comments of most of the more than 7,000,000,000 people we are in the world and the nearly 700,000,000 that integrate the Hispanic community, Latin or whatever they want to call it. If we start studying how we should be named maybe we would find many combinations of different words: Mexican-American, South American in the United States, Hispanic-speaking, Ibero-American, Center American-American, or whatever, but the truth is this is not the reason to write this lines, because the real denomination that we should all be given is that of Human Being, is that simple and without going into "scientific conceptualization, genetic and DNA," because the only thing we would do would be to fill you with information that at the moment is irrelevant to what we want to achieve with *Ándale*!

My Mentor Bob Proctor taught me that every Human Being is equal, and it's true! And I'm not being a "romanticist" or a "dreamer for the unity of the races" the Mexican Vasconcelos' style, because what Bob refers to is that if you do a review of all regions, countries, languages, colors or DNA's, the only thing that is different between us is culture, but once we "overcome this culture" we are all alike. Culture is no more than a bunch of ideas fixed in us for a quantity of reasons that we do not even imagine, but that are so ingrained and solid in us that they become habits and almost everything we do is a habit. Those deep ideas are called Paradigm, but we'll talk about that later. Well, returning to don Donald, I have always maintained with great respect but also objectively that he is doing things the best he can, from his Paradigm level, that is, from the point of view he has of life, his ideas, his vision of what his parents and grandparents taught him. (How do you want him to see things differently if he has possibly never worked with himself to open his mind and know that there is something beyond him?). Obviously it is a very unpopular and unattractive point of view because in the eyes of the masses he is "trampling" on an ethnic group with a high global presence. But I propose something to you: let's imagine just for a small moment (what it takes to finish reading these lines) that don Donald is not evil, at least from his point of view, and that we need to admit something to him. So – congratulations, Mr. Trump! You are doing things the best you can, but – what if you allow us in a respectful and gentle way to share that in our wonderful intelligence we have, apart from our five senses (hearing, taste, touch, smell and sight), a box of tools with infinite super powers called intellectual factors or superior powers with which can be achieved by any Human Being in the world, no matter who it is, what they believe in, where they are from, where they go or come, they can change their reality and world…and then the real world.

This little box with its super powerful tools is responsible for almost every millionaire in the world being a millionaire…and also of all the poor. Of all the people who are with their families…and those who are not. Of all the people who live happily in their country…and those who have to live in another place "bordered by circumstances?" Of all the people who have become the pride of their family and community…and those who do not have much to be proud of or tell the children tomorrow, but above all, that box of tools with super infinite powers is responsible for every paisano who has suffered in the Trump era and every paisano who has continued to grow despite the circumstances; of every paisano who is afraid and of the others who have faith that neither this nor anything will get them off course. Carnalito of blood and of trip, I invite you to know them, I invite you to know yourself.

Don Donald, we admit that thanks to your particular way of seeing the world, you are awakening us as a race and as migrants to know everything we are capable of. Thank you!…Do not laugh, really, thank you!

2

What happened?
Why did we leave?
Who made the decision to leave our countries?

Los Tigres del Norte, Ambassadors of American Music said it already: "Being born in America is like a blessing, a land of beautiful images that rejoices the heart, mosaic of a thousand colors, beautiful women and flowers"…So if our land, people and traditions are so wonderful, why did we leave?, wouldn't it be a little contradictory to get out of the beautiful to go to the least beautiful? Well, let's answer each of the questions in this title.

What happened?

It is not intended for this book to be one that will "illustrate" you about the history of migration or Latin American countries, not at all! But it is worthwhile to comment on what was behind our decision of leaving what we love, so it is good to know that in the case of Mexico, basically after the Civil War (Mexican Revolution), the morale of a large part of its inhabitants was damaged in their honor and dignity. After so many deaths, fears, rapes, clashes, spoils of property, absence of stable governments, families divided by death, alcoholism that resulted from all this, high unemployment, lack of credibility of the international community, *maximatos* or any other cause you remember, gave as a source that the image of us as people and the opinion of our country would be greatly affected (contrary to what is believed, that a war leaves you liberated and full of energy to start over) And if to that we add "the morality" that we were already dragging by the Conquest, the Inquisition, the imposition of a language and religion, and three hundred years of colonial life under Spanish control – well, "our system of ideas" was not at its best.

What happened then? What happened was that these fixed ideas in our mind led us to think and therefore to materialize in a high percentage of our then young population, that in our land it was impossible to pull through, therefore it was necessary to go where it was possible. This idea initiated the migration from Mexico to the United States and later the idea expanded from Guatemala to Argentina to transform the Latin American region into a region where the idea of poverty and lack was present in the majority of its inhabitants. As if that was not enough and to further scourge our self-image as people, the international organizations that "help us" baptized us as "marginated" countries, "in development" (but not developed), of the "Third World" or "emerging". Psychologically it was like naming "Gordolfo" someone who wants to lose weight, "Ceguetón" to someone who has a sight problem or "Tontín" (like the character in Snow White) to the child who has learning problems in school.

Why did we leave?

We allowed that in our wonderful mind we were taught the idea that it was *impossible* to pull through where we were, but above all, that to over-come ourself it was necessary to suffer and sacrifice what we love most, what a terrible lie they told us! (but that will be discussed in more detail in other chapters). If only we had known that *each of us can create our own results, environment, economy, and health*, the wonderful region of Latin America would have had another story.

Who made the decision to leave our countries?

Do you really want to know? Would you be willing to take all the responsibility of knowing who was behind that decision to leave "soaking wet"? The one who made the decision of leaving, not to return or to stay there even if you do not feel that you fit in *was you*, consciously or uncon-sciously but it was you, nobody else. Unless you are or were at the time a child, or disabled adult who could not fend for himself. But other than that, there is no one else to blame for being where you are. Now, we are very clear that we did not do it with the intention to harm us, but by custom, by culture, by inertia, by *habit of migrating*, and this is only understood by the heap of ideas that we have been taught and that are part of our Paradigm.

According to Maxwell Maltz, Paradigm is a mental programming that makes us have incorporated into us ideas that become habits, and almost everything we do every day usually. Heck! An idea of the people I mingle with, first it became order, then habit, and then action in me? Yes, possibly unconsciously, but the answer is yes.

But let me tell you something that can fill you with hope and expectation: Just as you possibly unconsciously created the moment in which you are today, so you can turn everything around in a few weeks. Keep reading, and with the formula my mentors Bob Proctor and Sandy Gallagher taught me, we'll tell you what to do from where you are and what you have, no matter how screwed or not you are.

3

Where are we?

We are in the best moment of Latin history in the United States! With infinite potential to do everything we ever dreamed of legally or illegally crossing that long border! With big possibilities of winning in a year the piles of dollars that we possibly did not win in our whole life! With the immediate possibilities of returning to our homeland rich, powerful, triumphant and through the big door! ...Oops, but apparently we have not noticed!

Religions and science, the only sources of reliable information for most of us Latinos explain to us in a confusing way (of course, for those of us who are not theologians or scientists), but here we have a simple explanation:

**We all have within us an
endless ability to do whatever we want!**

*(This is accomplished by following the simple laws of life,
and God operates by law...and also science)*

We should be aware and understand what we had read, and once we understand (which is the goal of this book), your conscience (under-standing) becomes bigger and you get to understand the everyday results as a consequence of the "cause and effect" explained by James Allen in an extraordinary way in his early 1900s work called *How Men Think*. Everything that is happening to you is the result of something that you did or did not do and had its origin in a thought.

Very well, Paisa, let's simplify it, so you can discuss it with the priest of your church or with your favorite teacher. Here it goes:

The Bible is pretty obvious (but we lack that awareness to understand it better) when in Genesis (1:26) tells that we are made "in the image and likeness of God" and then in many verses it reiterates that "God is present at all times and in all places" (omnipresent). Subsequently science abruptly tells us that "everything is energy" (it is everywhere and in different forms) and that "energy is neither created nor destroyed, it only transforms itself" (it always exists but in different ways and we, according to quantum physics, can guide it in the way it will take).

Don't you think we are talking about the same? Don't you believe that science and religion go hand in hand, even if they look different? Could not the energy that is everywhere be the God of science, and God, that neither is created nor destroyed because it is already, be the energy of religion? What a mess!... But once we read it many times and we understand it, there is an inside light that lights up and starts to clear the way. That clarity is called *being conscious* or *being aware of what happens*, and a person who knows what happens to him/her and why it happens to him/her begins to take control of the situation in a different way and begins to understand that it may be true that each of us are responsible for the results we have lived yesterday, those that we live now and those that we will live tomorrow.

So – am I responsible for having left my town to the United States for not being aware of the opportunities? Am I responsible for having had such a difficult and suffering migration process? Am I responsible for being deported several times before I can establish myself in the "Llunaites"? Am I responsible for not having been given residence, citizenship or work visa in all these years?... And am I responsible for the persecution you have initiated against me, *don* Donald Trump, to kick me out of your country?... If we answer: "Yes, but you have all the power of God and science to transform your current situation into that you have always wanted" –would you still read this book?

Then keep reading it, because we are going to tell you, but please, open your mind and be receptive, let's go beyond what the Latin American grannies taught us, since what you are about to read is possibly going to be the most important information you have ever learned in your entire life, and you will not even need to study more than you already know. School education has nothing to do here. So we're going to tell you how can you "do everything you already know you can do, but think you can not do?"

Conclusion

Where are we? We are at the best moment and in the best place to immediately give a radical return to everything we have "suffered" all these years! (Because we wanted to!).

We reiterate it agaaaaaaaaaaaaain: Thanks, *don* Donald, for waking us up!

4

Where do we want to be?

We want to be where we wanted to be the first time we left the village, full of dreams and hopes: To be healthy, to be very happy, to be very rich (*The American Dream*) and, above all, to be the owners of the decision to return to our beloved land or to stay in this great Nation, the United States of America. In order to continue with the "revelation of the secret" (which is no secret because it is in the Bible and in many books for centuries), choose from this moment what you want – to go back to your country rich, happy and healthy, to become the pride of your generation and your people, or stay rich, happy and healthy in the United States and become, just for having understood the simple steps of this book, the pride of the community where you reside. Choose, and in both situations you win. (Take your time, and when you have chosen if you leave or stay, then continue reading these simple lines that we could well be teaching a seven-year old child and he would understand us with the same clarity). To choose is to make a decision. Make it.

Did you choose already, Paisa? Ok, let's continue.

When we left with "chivas" and all heading North, we all told our mothers that we were going to succeed, to be successful, to make it big and then send her a lot of money so that she could change her life in the town. It sounds wonderful! But when we left to cross the border between Mexico and the United States, did we have the faintest idea what exactly it meant "to succeed" in our adventure? Did we really know what we were going to do? Did we have in mind a clear picture of what we would gain, where we would work and when we would achieve it? If your answer is yes, congratulations! Surely you were one of the very few paisanos who knew how to taste some of the honey of success, but if your answer was no, as Bob Proctor tells us that happens in 99 of every 100 people, let's consider this chapter to define what "success" is.

In the 50's, Earl Nightingale, author of the book *The Strangest Secret* and a great expert on growth and development of people, defined success as follows:

"Success is the progressive realization of a valuable ideal."

What you have just read might look simple and light, but it is a very complete definition!, so much so that we want to say it again:

"Success is the progressive realization of a valuable ideal."

Four words that, when you understand them, revolutionize your conscience, give you a course of life and allow you to rethink all that you have left to do. When you understand them in all their extension and put them into practice, you will never again surprise yourself with the success you get, however you do not stop being surprised of how organized everything begins to be in your life and in your surroundings.

Let's analyze them as my Mentor Bob Proctor taught me nearly a decade ago in his classic personal growth program called "The Puzzle of Success":

- Progressive: Moving continuously in one direction.

- Realization: It is materializing and getting what you want and intensely desire.

- Ideal: It is the idea that you have fallen in love with, it is your goal, your objective, what you most want, something that you would change your life for. Do you ever remember having fallen in love with a person? Maybe with your partner or your baby. Do you remember that inner feeling of fulfillment, peace, commitment and joy? Well, imagine now the power to click with all those feelings and emotions because of your deep commitment to achieve something.

- Valuable: Must be something worth investing an important part of your life, the ideal must deserve you, it must be worthy of you since for it you are going to exchange many things that are also valuable for you, and when you decide on this, there is no going back.

We could continue talking about what success is, but we will not go deeper, since what was commented before is simple, clear and obvious enough so that anyone older than 7 or 8 years can understand. Let us understand something then: The trick of all this is the *understanding*, *awareness* and *awakening* that you develop on what we have spoken.

And what is the understanding, consciousness and awakening? It's realizing that you already possess everything you need to live the successful life you have always dreamed of, and as you read these lines, the steps that you will have to take are beginning to appear more clearly. Patience, you will know and experience everything before finishing this book, if you do exactly what we tell you.

Conclusion

Where do we want to be? On the pinnacle of success! And we are going to achieve it, so the first thing we have to think about for now is: What is that goal worthy of me, which I now want to set and achieve in a few months? Start by writing, in a diary you will use for what we will ask you, everything that comes to mind and that you believe or are sure that you want with a lot of passion, because it will be the starting point with which we will work in the next chapters.

5

Why is the town of Nogales (USA) rich and the City of Nogales (Mexico) not rich?

They are two border cities in the states of Arizona (USA) and Sonora (Mexico) that share the same culture, traditions, language and people (Hispanic). They have the same natural resources (water, air, land, etc.) and even the same landscape, sun and moon, and they are only separated by a border fence and a third of international bridges. Of course, Nogales, Sonora, is much bigger and cosmopolitan than its twin of Arizona due to the boom in the 70's of the make-up industry and the impressive arrival of people from all Mexico and Central America in search of opportunities. At the beginning the story sounds like two little sisters, one older and one younger who love, take care of each other and are the same in practically everything.

Mmm. Will it? Let's see.

To begin with, all the generalities of both populations make them the same, but there is a small detail – the economic wealth of both sides.

In Arizona (USA) the minimum wage is more than 10 dollars an hour (in 2020 it will be $12.00) so for an average working day of 8 hours, a person enters approximately 85 dollars as minimum wage, that is, having the lowest income that can legally exist in that city and without overexploiting the person, since they have left free the remaining 16 hours of the day. So at $85.00 a day, on average we get a 30-day monthly salary of $2,550 and an annual salary of about $37,000 including bonuses, benefits, etc. And even with this salary, the American feels with little money.

On the Mexican side, the minimum wage in 2017 is 54 cents per hour, which gives them a total of about $4.00 for a 8-hour work day (in 2020, following the trends of the last 30 years, it will be around $4.65) and it is obvious that a worker with this income do not have the remaining 16 hours of the day free, but the most certain and bound by their visible reality is that he/she will have to look for a second or third source of income to improve those 4 big bucks a full day gave him/her. Therefore, and without having to be mathematical engineers, we can conclude that a month's salary on the Mexican side will be 130 dollars, and around $1,650 a year, including all the complements that the maquila or company can give.

What is the difference between a poor American who earns $37,000 and a poor Mexican who earns $1,650 a year? 22.5 times? No! The difference between $37,500 a year versus $1,650 is the Paradigm. What? Yes, the Paradigm.

And what is that? We had already mentioned it at the beginning of the book: they are a lot of ideas, images and thoughts that are sown, taught and very solid in our mind. Those ideas, being so important to us, become habits, and almost everything we do every day is habitual. The Paradigm is responsible for the results you receive, of all of them.

Every day, from the moment you wake up and without even thinking, you do practically the same things. Let's see it step by step – almost everything we are going to guess correctly:

1) Wake up.

2) Go to the bathroom to do what you have to do and take a shower.

3) Get dressed.

4) Have breakfast.

5) Go to work in the same transport, by the same route and at the same time.

6) Sit at work in the same place, with the same people, and do basically the same things.

7) Take your coffee at the same time.

8) Get out of work at the same time and almost always with the same state of mind.

9) Return home by the same route, in the same type of transport and at the same time.

10) Eat, sit in the same place and discuss with the children or couple the same things that are almost always discussed.

11) Rest and possibly sleep a nap – inspired by the Spanish tradition.

12) Perform usual social or home activities.

13) Give the children dinner, bathing them and taking them to sleep.

14) Watch the news or discuss the usual with the couple.

15) Sleep to prepare myself to start my next wonderful day... which will be the same in almost every aspect.

End of day.

Are we right? Is it usual what we do every day? Possibly the only thing that varies daily from these 15 actions is that one day you go to the supermarket, another one you will receive a haircut, another to fuel your car and another to your son's school festival, but 75 or 80% will always be the same, the usual.

Is the usual bad? No, not at all!... as long as you are happy and fully realized with what you do, what you are and what you receive. It is wonderful to have a great relationship with your children, it is fantastic to have the habit of working on what you like most, it is amazing to have the habit of earning the money you want to earn, it is great to always have the habit of spending the vacation that the whole family chose and that it was the vacation of their dreams... but – Do you have a great relationship with your children? Do you work on what you like the most, to the degree that you could even do it for free from so much that you like it? Do you earn the salary you've always wanted? Do you always travel on vacation to the places that the family wants and chose with precision (and on first class)? If the answer to any of these questions is "no", then we are facing an activity that is already a habit, that you do not like, with which you are not happy (but you keep doing it) and is also an activity that you cannot stop (even though you know how to fix it).

Let's repeat, the Paradigm is a lot of ideas, images and thoughts (it's a mental programming) that have become part of us and that have become permanent habits in everything we do every day, therefore, the Paradigm is the one responsible for everything that happens to me every day, every month and every year. And everything was born of an idea, thought or image!

Earning $ 37,000 a year in Nogales, Arizona (USA) is a habit (which then becomes a result) that is in the Paradigm of those living on that side, and gaining $1,650 is that of Mexicans.

Can something be done to make this change? Of course! Just change the Paradigm! Change that part of your mentality and ingrained ideas with which you are not happy and design it exactly as you want it to be. Stop thinking that you are poor because you had to be born that way! Stop thinking that you are not rich because you were born in the Third World!

We invite you to follow some simple steps that we will show you and in a few weeks or months you will be amazed by the tremendous changes that your life, your loved ones and all your environment can experience. And Paisa, as Bob Proctor says: "In six more months you'll need a telescope to see where you are right now", and the good news is that from where he/she is and with what he/she has, whoever is willing will learn in a simple way how to do it.

Conclusion

Nogales (USA) and Nogales (Mexico) can be as rich or as poor as their Paradigm and their imagination allow them. If Nogales on the Mexican side decides today to change its Paradigm, from where it is and with what it has, in less than five years will be as booming and promising as Phoenix or Las Vegas, but it has to make the decision and change its cultural programming. And this, dear Paisa, can be done without many complications by a good and committed leader, who understands this and spreads his people with the enthusiasm to achieve it. Nor money nor a lot of intelligence is needed, just the decision to do it.

6

What is stopping us to make the decision to do everything we have always wanted to do?

Some years ago my Mentor Bob Proctor shared with me that at the beginning of the 1960's the by then President of the United States of America asked the director of NASA "what was needed to put the first person on the Moon," and he replied: "The will to do it." The Director of the Space Agency never talked about economic amounts, special efforts to be made or technological conditions (which at that time would have been absolutely understandable), he simply said: "The will to do it." Now let us ask ourselves the question of the title of this chapter to ourselves – What is stopping us to make the decision to do everything we have always wanted to do, to be or to have? – And the answer will be, if we are honest: "The will to do it."

To achieve this, all we need is to be honest with ourselves and recognize where we are (Chapter 3), where are we going (Chapter 4), and what has prevented us from getting there (Chapter 6).

So if I want to change what I earn, the activities I do daily, my health, my relationships with other people, my attitude towards wealth and abundance and in general have the life that as a Latino migrant I always dreamed, the first thing I must do is *make the decision* that it would be so.

When we ask people when was the last time they made a decision, they often look at us with confusion and after a few moments answer the first thing that comes to their mind. In some occasions we have had talks with honest people who have told us "I do not remember ever having made an important decision in my life." Really?

Paisa, pay attention to this: Businesses, governments and the world!, they cry every day to see people ready to make decisions. I'll tell you what Bob Proctor taught me about this superpower, which, as he says, "makes the difference between successful people and those who will never get it." It tells us that a decision "is a movement that you can do in a millisecond and with which you can solve massive problems. It has the potential to improve almost any personal or business situation you may encounter... and literally can lead you on the path of incredible success". And he continues: "Indecision causes destruction in the person... not only the money you earn is impacted by your decisions, your whole life is dominated by this power. The health of your mind and body, the well-being of your family, your social life, the type of relationships you develop... it all depends on your ability to make quality decisions", and perhaps the most forceful part of these reflections of Bob, the one that we have studied more in the last years, is the following:

"Once you make the decision, you will find all the people, the economic resources and ideas that you need...always."
(To this day, every time we read this last thought, we cringe by its magnitude).

So, dear migrant brother, what is stopping you to make the decision? The response is very clear: *your Paradigm,* your ideas that someone sowed you as a child, your own limitations that someone taught in adolescence, the thoughts that you were forming from seeing "the generalized misfortune of the masses" and of course the size of the aspirations that you have today. Albert Einstein, the Nobel Prize-winning scientist in the 20's of the last century, said: "A *yes I can* is more important than my IQ" and "my imagination is more important than all the knowledge and academic degrees that I have", and we know he had degrees and knowledge and even so he left all the importance to his imagination.

You, Albert Einstein, the NASA Director, Presidents Kennedy and Trump, Bob Proctor and I, have the same ability to make decisions, to generate thoughts and to use our imagination in the construction of great ideas that can transform the world, our world. All you need is to be *aware* of what we are saying, *understand* the scope of what a decision means in your life and, above all, to be willing to make that decision which today, with what you have and from where you are, can make the difference between being scared to death, hopeless, hiding out of work and just waiting for *don* Donald to take you out from the country, or, with *awareness* and *understanding* of this formula that we are beginning to reveal, make the decision, from inside of you, that before a year goes by you will be rich from your new idea, you will be stable and productive, savoring the first sips of the *American Dream* and above all *deciding for yourself* if you want to stay in the United States to be even more successful than you will be in twelve months or you want to return to your country to build more successes, *now being with the ones that you love*, whom, for thousands of reasons, long ago you left behind.

Conclusion

The only thing that stops me from making the decision to do everything I've always wanted to do is my Paradigm and the understanding and awareness of what this decision can do for the good of my life and that of all those around me. Make the decision of what you've always wanted!

7

Why are there Latinos who did succeed?

In the Great Depression of the world economy of the 1930's, in the known Latin American economic crises of the 70's and 80's, in the fall of oil prices in the 80's and the XXI Century, in the "Tequila Effect" of Mexico in the 90's, in the "Caipirinha Effect" in Brazil and during "The Period of the Argentine Corralito" at the end and beginning of these centuries, just to mention some famous cases in the continent, *there were Latinos and immigrants becoming rich*, in a legal and decent way, only by using their intelligence in a different way. That is, while many became poor or poorer, there were a few getting rich or richer without stealing anyone.

Consciously or unconsciously, these successful people were "programmed in their Paradigm" to keep thinking in abundance while the world, according to the five senses (what they heard, what they saw, what they perceived externally) evidenced moments seemingly impossible to overcome.

It has been well said by my Mentor Bob Proctor: "The person who lives only for their five senses, will never have anything extraordinary to tell their children or grandchildren someday, or anything to be proud at the end of their life." The five senses, said Moses, "can be a blessing... or a curse" and, of course, it depends a lot on how you use them. Are you guided by what the press says? Are you guided by what your neighbor says? Are you guided by what someone who loves you says but does not know at all how to achieve success and the creative functions of the mind? Or have you learned to guide you through that extraordinary *inner Genius* that you and these successful Latinos have, which – I certainly I tell you – is responsible for their resounding success in good times and in bad.

Inside you there is a spectacular Genius that very possibly you have not discovered in its totality. Remember that we commented a few chapters ago that Einstein stated that we were not using all our potential and intelligence? Because that's the reason so many people go through this life and never accomplish much, nor they help the human race, nor ever do what they like best, what they are most passionate about, what they could do for hours, days, months, years, for a lifetime if necessary, and completely lose the notion of time since they enjoy it. These successful Latinos, these "unexplained millionaires", who are very much loved by the masses, knowing it or not, are programmed to be successful.

How is it that they are programmed?

Do you remember when we talked about Paradigm? When we said that there is the primary cause of all our results and that it is "a multitude of ideas that are rooted in us, that being so important they become habits, and that everything we do almost every day is usual"? Well, these Latinos are programmed to always earn money, to always give service with what they like to do, to do things they like very much; these are personages who work with the Genius and not that much with the body, these are people who manage to "see on the screen of their mind" what they want to receive before receiving it, but above all, they are Latinos who *have goals*.

Without excluding anyone, but trying to give you clear examples of what I am saying, the list below is formed by people like you and me, who at some point have been migrants, the great majority of them are of very humble economic origins but for some reason they managed to program positively, to work with the Genius, to draw a goal and to persist until obtaining it. Napoleon Hill says that persistence "is a life insurance that protects you against failure." We do not know if they know who programmed them, when they were scheduled or under what conditions, maybe that's not relevant, but what does matter is that you can also work this way and in a few weeks or months give an impressive turn to your life and begin to chart a route to become one of them:

Names: Shakira, Selena, Jorge Ramos, María Elena Salinas, Edward James Olmos, Alicia Machado, Marco Rubio, Arturo Arte Moreno, Julio Mario Santo Domingo (who in life had more wealth than Mr. Donald Trump), John Arillaga, Jorge Pérez, Lionel Sosa, Chrales Patrick García, Christopher and Judd Reyes, Maluma, Marc Anthony, Jennifer Lopez, Susana Martínez, Ted Cruz, *Daddy Yankee*, Brian Sandoval, Antonio Villaraigosa, Hilda Solís, Bob Menéndez, Jorge and Carlos De Céspedes, Alex Rodríguez, Armando Codina, Jorge Mas Santos, the Hernández Brothers from Los Tigres del Norte, Julión Álvarez, Juan Gabriel, Tony Meléndez from Conjunto Primavera, Romeo Santos, Don Omar, Luis Miguel, PitBull, Ricky Martin, Enrique Iglesias, América Ferrera, Gloria Estefan, Eva Longoria, Sonia Sotomayor, Christie Turlington, César Conde, John Leguizamo, José Hernandez, Julie Stav, Julián Castro, Richard Carmona, Bill Richardson, Alexander Acosta, Henry Cisneros, Giselle Fernández, Janet Murguia, ChiChi Rodríguez, Nely Galán, Anthony Romero, Ralph De la Vega, Emilio Estefan Jr., María Hinojosa y Mario Piolín Sotelo.

Conclusion

I'm sure that you identify yourself with some of the more than 65 names of Latinos from all the areas I just shared. None of them succeeded by chance: Consciously or unconsciously their mind was programmed, they saw the dream, they *felt it* as if they were already living it, they persevered, but above all, each of these successful paisanos did what they most love to do, and possibly will do for the rest of their lives.

What would you say if I tell you now that with everything my mentors taught me, especially Bob Proctor, today I can tell you how to do the same and even more than these respectable personages?

8

What does Trump have against us immigrants?

I tell you clearly and straight: Mr. Trump *deep down* has nothing against us Latinos or Mexicans in particular, and it's worth it, if we really want a change in our lives, to stop blaming him on our current situation.

My Mentor Bob Proctor taught me that nature, life and God are governed by laws, and one of those laws is the "Law of Opposite Poles" or "Polarity", and decrees that:

- For every up there is a down.

- For every in there is an out.

- For every dark there is a clear.

- For every negative there is a positive.

- For every outrage of *don* Donald there is a great opportunity that *don* Donald gives us.

- For every failure in the United States there is a choice of success in the United States.

And we can only achieve this by using our Genius, with one of its wonderful tools, the perspective or "point of view." How could we turn Trump's offenses into Trump's growth offers? How could we turn Trump's seemingly crude jokes into invitations to growth? How could we turn the idea of the *don* Donald wall, say, into a blessing and a tourist attraction? Worst scenarios of tragedy, when injected perspective, I have seen that become world attractions at the highest level.

Conclusion

What is the title of this book? Because that's what I ask you to begin to internalize in your mind as you continue reading it: *Andale!* This is a call to action for Latinos and migrants in general in the Trump era, to realize Trump is doing us a favor by treating us like that!

One last comment: What should we do then – do we use the Genius in our favor or do we continue to victimize ourselves hidden, in terrible conditions, getting sick, with a sense of persecution and with no apparent solution? Napoleon Hill says, when he gives us his advice of success after interviewing the 500 richest people in the world more than 70 years ago: "When you wake up in the morning, we use the same effort to demand riches and abundance from life, than to assume and accept misery and poverty." Strive for greatness and follow these tips.

9

Is it Trump's fault the fear
the Hispanic community is feeling?

If we think with the logic of the masses, of those who are mostly frightened, broken, who feel victimized and persecuted, those who prefer to take the fishing instead of making an effort to learn to fish, then the answer is yes. But if we think with the "illogical" of this new consciousness and awakening that we propose here, then it is time to take responsibility not only for what we consciously do, but also for what we are unconsciously creating in our environment and, above all, the results we are getting. But how do I take responsibility for what I do not even know that I am responsible for? Well, let's start with the wise saying that at some stage of his training Bob learned: "You can only escape from a prison when you know you're in it."

We had already commented that we all have a Paradigm, that pile of thoughts that were getting into our minds like "ideas" and that they were so strongly embraced by our emotions that they ended up learning and becoming the habits of acting or behavior that we do daily as people. The relationship with our clients is part of the Paradigm (what do they think of us?), the house in which we live is part of our Paradigm (is it the house of our dreams or is it our mind internally telling us that "is the most we can have"?), the monthly and annual income we earn is part of the Paradigm (do we gain everything we need to have a wonderful standard of living or are we constantly lowering that standard of living to be able to tie the salary?), personal relationships are part of the Paradigm (are they stormy or pleasant?), our health is part of the Paradigm (every day, every month of the year we take medicines and there is always some suffering – or are we usually healthy?). All of the above may seem confusing and even comical, but it is reality, *all that happens every day to us, our results*, are the responsibility of the Paradigm that we have, but the most important thing is being aware that if you change it, your life changes.

And changing it is easy, Paisa, but it must be born from inside of you, nobody can make you change if you do not want to and if you do not let it happen, *you can be helped if you allow it*, but as Aldous Huxley said, "no one but you can change yourself."

Therefore, the fear that someone might be making you feel, that paralyzing emotion that apparently does not let you go, it is your responsibility to leave it inside you or take it out. Even though the feeling of fear can become chilling, it is also invisible, you are afraid of "something that will happen to you, even if it has not happened to you," you feel "in comfort" paying attention to the old Latin American popular saying: "When you see your neighbor's beard cut, put yours to soak" (When there is still not even done!). Fear is *invisible*, you think it's going to happen to you, but it actually doesn't have to (unless you're consciously or unconsciously attracting *it* to you). Therefore, it is only a matter of paying attention to what we share here, millennial wisdom that for centuries has been available in libraries and privileged minds and today, thanks to many years of study next to Bob Proctor, we put simply within your reach.

Well, we can not see *fear*, it is invisible…but *faith* is also invisible.

Both faith and fear no one can see or touch with their five senses, but you can feel with the intellectual factors, with those super powerful tools within us that lead us to see or not see, to feel or not to feel, to condemn or to build the wonderful life to which I am entitled. What do you think if instead of seeing the fear of "what can happen" within you, we better have faith (also from within us) "on what I want to happen to me"?

It has already been said with the mastery that Napoleon Hill usually has: "Faith is seeing the invisible, believing the incredible and achieving what the masses consider impossible." Therefore, be intelligent and brilliant and, from within you, change fear for faith, start to see in the wonderful screen of your mind, using your imagination, what you do want to happen, what you want to be the final result and look at it until your emotion is such that you feel it in your body with any of the five senses.

10

Why is Mr. Donald Trump doing us a favor?

Because it took the arrival of a person with his personality and characteristics so that the immigrants really woke up and we realized that "we are where we are because we made it that way" (even if we do not realize!). Therefore, if Trump hadn't arrive and move the comfort zone's rug, more administrations of "threat of deportation" but without the intimidating activism of this would've come. So, without having proposed it, *don* Donald is helping us to wake up and become aware of what we have created around us.

Mr. Trump is allowing us immigrants to wake up after a long and uncomfortable dream of eternal threat (Paisa, it is very uncomfortable to live always under pressure, or as the grandmothers said, "con la chancla en el pescuezo" ["with the flip-flop on the neck"]). From today we take responsibility that our life can change radically, if we make a few adjustments to our way of thinking and Paradigm, and to do so we must start by having very clear what we are thinking.

So for now we have only to say to the President of the United States of America: "Thank you, sir!"

11

What does the Bible say about these situations?

The Bible, the Qur'an, the Torah, the Bhagavad Gita and all the sacred books that from our earliest years of life are mentioned to us, are filled with passages and teachings aimed at awakening people on how to use their inner power (their intellectual factors) to achieve what they want, or its equivalent, respecting the rights of others. The content of these millennial books are metaphysical passages (that go beyond the world perceptible by the five senses – what I see, hear, smell, touch or taste) and when they are read and understood with an open mind and having someone to guide and explain their content, they awaken us on how generous and clear God, the great creator, has been in making us as the sacred writings say, "in his image and likeness", and someone who is made "in the image and likeness of the creator" is someone who is necessarily here to continue creating after God's own creation.

And that someone is you, Paisa, the immigrant in the United States or anywhere on the planet who now wakes up and begins to be aware that he/she can *create* his/her own results, the ideal immigration status, financial independence, the family unit, the desired work, the house and the holidays always dreamed. As Eckhart Tolle says, "it is here and now," not tomorrow or when "my situation" gets better. Let's not make up excuses, let's begin to transform our life immediately, it may be with the support of religion, and if you do not want to go to it, go to the next chapter to hear the opinion of science, which in general terms and without seeking to argue, is practically the same.

Following on our topic, it is convenient to point out that the most recognized authors in questions of personal growth always have the passages of the sacred books as reference to give "dogmatic" credibility to this information. Start making your list of "greats of the great" who have taught us much about the working of the powerful creative process: Jesus of Nazareth, the Evangelists, King Solomon and Moses. And in our modern era Napoleón Hill, James Allen, Wallace D. Wattles, Neville Goddard, Charles Hannel, Genevieve Behrend, Lloyd Conant, Earl Nightingale or authors with contributions over the last 30 years like Bob Proctor, Rhonda Byrne, Sandy Gallagher, Tony Robbins, Robin Sharma, Louise Hay, Jack Canfield, Mark Victor Hansen, John Maxwell, Zig Ziglar, Dalai Lama, Peggy McColl, John Demartini, Deepak Chopra or Mary Morrissey, just to name some of the most known and respected.

Here we present, just to illustrate, some of the most emblematic metaphysical statements or affirmations of the creative process contained in the Bible, those that underlie how God and the Creative Process operate by Law, are fair, do not distinguish between human categories and treat everyone equally. The only requirement, as Raymond Holliwell tells us in his extraordinary work, is to respect what is already ordained in them:

- *To establish that we are what we think:*
  "For as he thinks in his heart, so is he" (Proverbs 23:7), and "God created the earth and the heavens and every plant in the field before they were on the earth, and every herb before it grew" (Genesis 2:4-5).

- *To establish that we are creators by birth:*
  "Let us make mankind in our image, in our likeness, so that they may rule over... along the ground" (Genesis 1:26).

- *To establish that everything we can achieve, and more:*
  "Very truly I tell you, whoever believes in me will do the works I have been doing, and they will do even greater things than these" (John 14:12).

- *To establish the Law of Cause and Effect:*
  "For whoever has will be given more, and they will have an abundance. Whoever does not have, even what they have will be taken from them" (Matthew 25:29), "Ask and it will be given to you, seek and you will find, it will call and it will open to you, because everyone who asks, receives and whoever seeks, finds and whoever knocks, the door opens to him..." (Luke 7:7-8), "Do not judge, and you will not be judged. Do not condemn, and you will not be condemned. Forgive, and you will be forgiven" (Luke 6:37), "Believe that you have received it, and it will be yours" (Mark 11:24), and "A man reaps what he sows" (Galatians 6:7).

- *To establish the Law of Compensation:*
  "Give, and it will be given to you. A good measure... For with the measure you use, it will be measured to you" (Luke 6:38).

- *To establish that everyone is ruled by God's Law or the Creative Process:*
"Let everything that has breath praise the Lord. Praise the Lord" (Psalm 150).

- *To establish the Law of Non-Resistance (and let flow free and easy):*
"But I tell you, do not resist an evil person" (Matthew 5:39).

- *To establish the importance of studying this wisdom:*
"But small is the gate and narrow the road that leads to life, and only a few find it" (Matthew 7:14).

- *To establish that work with obedience with God or the Creative Process, always pays:*
"Obey me, and I will be your God and you will be my people" (Jeremiah 7:23).

Neville has said it when speaking of the powers of the imagination in his excellent and deep books on this awakening and creative process: "The scriptures are not historical facts, but a metaphysical project to realize all these powerful faculties that exist in us," and continues to challenge the old doctrinal models: "God (the creator) is nothing more than the faculty of imagination that people use to create...so each of us are a potential Christ who only needs to be aware of the creative abilities that he has since birth...so that this world which was created with thoughts and emotions can be changed when we understand how to use the mental and emotional states that created it."

Wow! Then, let's change what we are thinking! Let's think of what we want and all the reasons why we are going to achieve it.

12

What does science say about these situations?

Science usually takes with more simplicity and practicality everything related to the creative process. There are, according to the website "Law of Positive Attraction," some scientific verifications that explain how the human mind usually influences the results of the world around us. They usually come from quantum physics, which studies the minimum unit of the whole: Energy, and talking about it does not mean being necessarily in a spiritual or New Age movement, it's just talking about what we can not deny, *all that surrounds us is energy* and everything is made of energy (our life in all aspects: economic situation, our body and health and in general all our environment) and how according to the most respected opinions, even Nobel Prize winners, tell us that "energy is neither created nor destroyed, it only transforms itself." Well, it's time to start understanding, my dear Paisa, from this very simple point of view, how can I transform my economic situation, body, health and environment using a series of simple indications.

Some of the most important exponents of the understanding of what a thought, an emotion and a combined action can do to change our results are the scientists, leaders or inventors Isaac Newton, Tomas Alva Edison, Henry Ford, Alejandro Graham Bell, W. Clement Stone, Andrew Carnegie, Ralph Waldo Emerson, Carl Jung, Wiston Churchill, Martin Luther King Jr., Albert Einstein, Steve Jobs, Bob Proctor, Bill Gates or Mark Zuckenberg. All of them, from very different perspectives, see the world in their own way and from their location in the universe, and perhaps in many things they do not agree, but in this they do agree: "We are what we think," and according to science, everything is energy, including our thoughts.

Energy vibrates at different speeds depending on the shape it has (a solid, liquid or gaseous object, or a thought, circumstance or emotion). This can be measured and observed with special scientific tools, so everything has a vibration, and what this is about is that with the ideas, thoughts and images that each of us can have, we generate a vibration of energy equal to what we want to obtain (a state of health, couple, money or particular situation), and the way to achieve that vibration is to think precisely what we want (by saying "think" we mean to create an image of "that something" in our mind).

Conclusion #1

Science says that if you can have a thought, idea or image of what you do want, then you put yourself in the way of being in the vibration of what you do want and you attract it (Law of Attraction), and it is only a matter of acting on the idea or image and waiting for a certain period of time to begin to see the form of what is only a matter of time for you to receive in the physical aspect.

Conclusion #2

Religion and science are the only two real ways we have to interpret this theme. Here are some well-known points of coincidence:

- Truth 1 in religion: "God is present at all times and in all places" (they decree it with different narratives, at least in 42 verses of the Bible).

- Truth 1 in science: "Everything is energy."

- Truth 2 in religion: "In the beginning God created the heavens and the earth, and the earth was disordered and empty [...] Then the Lord said we descend: and they descended in the beginning, and they, that is, the Gods, organized and formed the heavens and the earth [...] And they said, let there be light and there was light [...] So the Gods descended to create man in his own image, to form it in the image of the Gods..." (Genesis 1:1, and Abraham 4:1, 3 and 27).

- Truth 2 in science: "Energy is neither created nor destroyed, only transformed."

13

Why did they tell me so many lies at home, at school and in my groups of friends?

Since we were born we were programmed and formed with a series of aspects that are not true, nevertheless they took so much root in us that they became part of the engine of our life. Of one thing I am completely sure: those who programmed us like this did not do it to harm us, on the contrary, they did it for love – and ignorance, unfortunately. In most cases it was our parents, grandparents, teachers, groups of friends and bosses at work, and they did it because that is exactly what they were taught by their parents, grandparents, teachers, groups of friends and co-workers. It was a kind of spiral of ignorance shared on multiple occasions by generations, and they came to us by simple descent, inheritance or circumstance. It doesn't matter how they arrived, what matters is that they shaped a very important part of our life until today, and that we are in the right moment and the perfect position for us to modify those ideas and begin a new life.

Here are at least 10 powerful little lies that many of us internalized as an idea into habits:

"Only those who have many studies are successful."
"If you do not work hard, you will never be rich."
"Poor but honest."
"Poverty is a virtue."
"God punishes the children who misbehave."
"Write 100 times on the board, 'I won't be late again', so you'll never be late again."
"You have to be realistic, do not be a dreamer!"
"Do not take any risks, son."
"Look for stability in your work."
"Rich people are bad."

What do I do then?

The answer is to leave in the past those pious but very harmful lies and begin to act with the new awareness of what has already been said, and understand that each of us can create our own results, economy, environment of friendly and family relations, results in work, fun and even independence in every way.

With what support do I count?

With that of the six superpowers with which you were gratuitously endowed at birth (perhaps and just because they are gratuitous, we do not give them the true value they have): These are your creative mind, and with it memory, reason, perspective, imagination, will/concentration and intuition. We are already close to telling you how to put them into practice!

14

Tip 1:
Set a goal now!

Do you have a goal? If you do, do you have it in writing and well detailed? Or maybe you think you do not know exactly what you want? Well, my dear Paisa, we are here to tell you that you do know what you want, although maybe you think you do not know. Do not worry, here we are going to teach you to know that you do know.

All human beings are spiritual beings in permanent search for expansion, that is, to grow as individuals and to be more everyday. More what? Well – richer, healthier, happier, more loved by those around us, more productive and generally more abundant and happy. So a person who is not in this inertia is someone who is stuck, an expression widely used by my Mentor Bob Proctor which means not being anchored or not advancing in your life, or going backwards, which is the same.

Clearly and bluntly we tell you this: A person who does not advance, it is because they have no goals, objectives, direction, and often do not know where their life go each morning when they wake up. This happens because the mental Paradigm has led us to a moment of our life where it has become a habit not to have aspirations and desires that make us get up excited before dawn. However, this is something that the moment you understand and receive it open in your consciousness, you can reverse it. So clarify this in your mind: *Goals are for growth and its consequence is to get something.*

What do you aspire to, Paisano? To earn more money to solve all your pending things? To be rich? To bring your family to the United States? To return to your country? Do you want to return rich to your country or the same as when you arrived in the USA? Do you want your work visa or your residence? Do you aspire to have the peace of mind that the immigration authority is your ally and not your enemy? Do you seek to become a respected immigrant, recognized and loved by the community in which you live? Do you want a house or ranch? A better job? Do you want to improve your relationship with your children or have a stable partner? Do you want to have more time to do what you like best? Travel? Slim down?

Begin by writing in a notebook or diary everything you would do if money and time in your life were not an obstacle. In other words, write in this first exercise everything you love to do, which makes you lose track of time while doing it and you could be doing it for the rest of the week, month or year. You should know that this is just a little initial training so that you give yourself the opportunity to know yourself much more, and from the last third of our book we will put you in permanent action (a forced requirement to make things happen so you get to have in your hands what you see in your mind).

So – if fear, time and money were not an obstacle, what would you most like to do? What would be the objective/goal that would move you each morning? As Bob says, make a shopping list (like the one you do when you go to the grocery store) with all the details of what you want and giving no importance to what you do not want or "how would it happen?" Just dream, dream again and keep dreaming. Neville tells us that dreaming (visualizing with our imagination) is how we truly become the image and likeness of our creator, that is, we create with the power of God. Being on the road to creating something is having a goal.

15

Tip 2:
How do I start doing what
I already know I should do?

Napoleon Hill says that one of the great reasons why the masses rarely achieve a great goal is to never find the moment and circumstance suitable for the first step. The most frequent failures happen between step 0 and step 1, meaning the first step is never taken or nothing happens. Why? Because the Paradigm that we have already talked about, the one which is responsible for our results in life and which controls everything that happens to us, is pressing us and forcing us to stay where we are, that is, in the comfort zone. Let's start with the principle that the Paradigm is doing the work for which it was created: Protect ourselves, shield ourselves and not let us risk anything. However, that armor does not go according to our essence of human beings of permanently being in growth as people.

A common mistake is to want to change my results (e.g. my migratory, financial or family situation) from changing my behavior (e.g. insisting more, hiding, having three jobs or "trying not to drink alcohol on weekends") because in these cases the change is only temporary.

If you are honest and you openly acknowledge the power of the Paradigm and that everything that is happening to you is the result of the ideas and thoughts that you have stored there, then that's where you wake up, you recognize your programming and start the change. When I change that part of my Paradigm that I disagree with (e.g., not being with my family for being a migrant) then my behavior changes and my results change. Therefore, what we want to say is that the ones that put their goal in frequency with their Paradigm will be the ones to achieve everything they want, regardless of the situation, the place and the moment in which they are.

You are always at the right time, and if you do not believe it look at this powerful phrase of George Bernard Shaw that Earl Nightingale mentions in his book *The Strangest Secret*: "I do not believe in circumstances. The people who make it big in life are those who wake up in the morning looking for the perfect circumstances, and if they do not find them, they create them."

You are responsible for what is happening to you today, the life you are living in this country and the treatment you have received, since if we start from the universal and biblical principle that says "We are what we think," then today you are what you thought and kept in your mental Paradigm in the past. But the best news is that your future, what will happen to you tomorrow, can be modified and improved at this very moment and place, just by following these simple instructions that we are sharing.

What if we start by imagining you as the migrant who is living the American dream of being a millionaire, happy and healthy? What if we began to imagine you as the great pride of your people, state and country because you knew how to make it big? What if we start to imagine all the good that you're going to do with all the money you're going to start earning from making a few modifications in your thinking? And here are the most powerful final questions, starting from us assuming that you are in harmony with these ideas: What kind of life is the one you want to live from now on? In what place? In what kind of house? With whom? Which vehicle do you drive? What do you love most and what do you do today? How is your health? How many millions of dollars are you making annually to match this standard of living you now imagine?

Write all your ideas and answers to these questions, because in the next lessons we will use them!

Conclusion

Today you are at the right moment and place to radically change the results you are getting, but it begins today, at this very moment, where you are now standing, sitting or lying down reading this. Paisa, give your first step *today*, and if you are afraid, do it with fear. Listen to your inner voice, it will tell you how to get going, and from now on appreciate the possibility of looking for a coach specialized in personal growth who guide you and helps to apply in your life all this wisdom that we are unveiling. My guide and coach has always been Bob Proctor, and he once told me that he has not known anyone who has achieved something very great without being led by a good mentor. Investing in you is the most intelligent and brave thing that can exist to make things happen. Do it!

16

Tip 3:
In my First Communion I was told that I was made in the image and likeness of the creator... but I did not understand

In previous chapters we have been very supportive of this wonderful maxim of the Bible, which repeatedly tells us about the infinite power which we have within us by saying that we were made with the same creative abilities of Him who did everything. Why then be poor if I can create as the creator? Why then be hiding from the border patrol or working on what I do not like, if I can regularize my situation and create the occupation of what I most love to do? Why then are we cutting our veins every day blaming the governments of our countries, their economies and even the neighbor who did not want to take care of our children on Thursday night? The answer is simple: By ignorance of this creative process that is within us, and when we understand it, it gives us everything.

How do you think that a figure without trajectory in the public service like don Donald arrived at the Government of the United States displacing all the experienced politicians of Washington? How do you think Macron won the French presidential elections against the whole political tradition of that country in terms of the merits of promotion in politics? How do you think the Clinton, Kirchner, Chávez, Kennedy, Ortega, Fujimori or Bush families have been able to keep influencing big decisions from power? The answer is very simple: At first they thought about it, then they believed it, then they acted on their "crazy idea that nobody believed in," then this changed their behavior and changed the results, not only theirs, but those of a good share of the contemporary civilization.

I exemplify with politics so that you see the degree of impact – for good or evil – that a well-sown thought can generate in millions of people. Were don Donald and don Macron aware of the existence of this creative process? We do not know, but what we are sure about is that this works whether you know it or not. The power to create what we want is a power that was given us from birth, and since neither the family, work or school usually teach it, the number of people who know and use it in its favor ends up being very small.

Let's get to the point, Paisa, if you are ready to make a big change in your life and the results you are getting do not satisfy you, it is time to take action to create them to your liking and way. Remember that the Paradigm that controls all your results uses the logic of the moment, keeps us tied to the logic of "now". However, changing a Paradigm is also changing the logic with which the masses see the world, so from the beginning I tell you, few will understand you when you start with this, however, *I assure you it will work* if you do everything we have been telling you here. It works by law.

How do I change my Paradigm using my creative powers that I was told in my First Communion?

First, fully accepts this idea:

**The Paradigm controls all our behavior
and our behavior produces our results.**

So ask yourself: What is it that you do not like in your life? With what results are you not happy?

Exercise

1) Write clearly and in a few words a central aspect of your results with which you are not happy; we will call it "negative version" (e.g., your income, your migratory situation, your relationship with your partner, recurrent colds every four months, etc.).

2) Now write exactly the opposite of what you wrote, based on the law that everything in life has an opposite; we will call it "positive version" (for everything up there is a down and for everything outside there is always an inside).

3) Burn or crush the paper or cards with the negative version.

4) Write 10 times when you wake up in the morning and 10 times before going to sleep at night the positive version of your Paradigm.

5) Record the positive version of your Paradigm on your mobile phone and listen to it as many times as you can during the day.

6) Keep with you throughout the day, written on a cardboard or a piece of paper, the positive version of your Paradigm (so that you think about it all day – since we are what we think).

Example of a negative description converted afterwards to positive by the Law of Opposite Poles:

1) *What I don't want*: "What I earn in my work is so little that I can not even afford to pay the most basic things for my family and it's barely enough to survive."

2) *What I want (applying the Law of Opposite Poles)*: "What I make doing what I like the most is a lot and I can pay for everything my family needs. I am living the life of my dreams."

Another example:

1) *What I don't want*: "I am very afraid that the threats of the American Government will become reality and I will be fired from my job and get deported in the next few days. I will be the shame of my family when I return expelled and with nothing."

2) *What I want (applying the Law of Opposite Poles)*: "I have full faith that my immigration papers are ready, I am at the head of my company doing what I like most and now my family recognize me as a winner for everything I have achieved."

Key concept: What changes the Paradigm is the repetition of the idea (reading, writing, hearing or imagining something many times). If you think that change is going to happen only because you already know that this exists, forget it! That will never happen.

17

Tip 4:
Are there geniuses in the Latino community?

Every migrant who exists in the world is a Super-Genius, an innate creator with an infinite inner potential that can achieve everything. The problem is that almost none of the hundreds of millions that migrate in the world every year are aware of this super internal power that lies in our mind. We Latinos, in general, have been programmed for generations to understand us and accept us as poor and lacking, and what is worse, to accept that others are superior or more talented than us! Who programmed us like that? There would be such many factors that a compendium of historical development in the Americas could not explain, however, for the purposes of this self-help book, what we want to share is that "having been as it has been," *today and now* you are able to begin to live in a different way and to sculpt your new future. Let's remember Emerson: "We are what we think," so let's start by asking the following questions: What do we think about, what we want or what we do not want? About wealth and abundance or about misery and poverty? About living the life of my dreams or about resigning myself to live the one that I got?

Remember, my Paisa, that school gave us a lot of valuable information but never taught us who we are, never taught us how to make money.

Any migrant colleague can be a Doctor on Economics and be financially bankrupt! Therefore, and at least for the purposes of what we are talking about, a wise man is the one who has the information to be able to make a decision, understand the fear and the advantages of leaving his comfort zone. It is wise to understand Nightingale and Hill when they refer to the coward as a conformist or to the mind as the most powerful and miraculous force ever known.

But in order to understand the power of your mind, you need to have an image of it, since no one has ever seen it and our thought process is through images. Yes, all human beings are what we think, and we think in pictures. Do you see how important it is to have an image of that tool, which if I learn to use it, it gives me everything? In the chapter "The drawing that changed my life" we will give you a simple image of the mind that will change your life completely, it is called Stickperson and was designed by a genius, Dr. Thurman Fleet.

The mind is not alone in our head, it is in every part of us (just like God). Everything is mind in us, and focusing on science, we are made of energy, therefore also everything is energy. That energy which flows through us is the one we can take with our wonderful mind and turn it into what we want: money, goods, travel, situations, states of health or abundance in any sense. That energy gets in and comes out of you all the time, and we use it to think. And "being what we think", then we can conclude that if we think with the power that anergy gives us, and we are what we think, then that energy that exists everywhere is the one we use to create what we want.

How to turn energy into what I want? With the Genius in you!

You must free it to make these transformations of what you *do not want* into what you want. That Genius operates through the tools we have already mentioned – reason (to think), memory (to remember), perspective (to create the point of view that we want), imagination (to create visualization or "mental photography" of what I do when I am thinking), concentration (to hold at will the image of what I do want in my mind) and the wonderful intuition (to receive "hunches" and "feelings" of how I should act and behave in my actions to achieve what I want).

We all are Geniuses. It's just a matter of being aware of it.

This is the Creative Process:

With the reservation that we will do some exercises later, pay close attention and exercise it repeatedly, because here lies the key to all the good and bad results you have achieved in the past, that you have today and that you will have to get from today:

1) Flowing energy: There is a higher power that flows permanently towards you, enters you and leaves from you, it is called "energy" and Bob Proctor calls it "a pure and wild spirit".

2) Dreams and ideas: Your ideas and dreams that you create in your conscious mind are made of this energy.

3) Thrill with your ideas: These dreams and ideas, if you print them properly in your subconscious mind (where your Paradigm is) you create emotions (this is called "involving emotionally with your dream").

4) Body changing its vibration: These emotions are expressed in your body changing the vibration you are in.

5) New actions: When your body changes vibration, you also change your actions.

6) New results: When your actions and behavior change, the universe reacts by law and gives you different results.

Starting today, every time you do not feel good, you must know that you are involved with the wrong emotion. Therefore, if you are not receiving the results you need, ask yourself the following: How am I behaving? What am I thinking? What am I getting emotionally involved in? You can always know what is happening to you on the inside, watching what is happening outside.

18

Tip 5:
Oh man! I have some tools to succeed that I did not even know I had

That's right, my dear Paisa, we already mentioned it, these are the *reason*, the *memory*, the *perspective*, the *imagination*, the *will/concentration* and the *intuition*. These are your six super powers, you were born with them and it's very possible that you have not used them enough. That's how it happened to about 99 out of 100 people living in the world and possibly 9,999 out of every 10,000 migrants, otherwise we might not have migrated, at least under the conditions we did. Your six super powers are like your muscles, if you exercises them they develop and are very useful, but if not, they become atrophied, they get bored, they stay there waiting for someone to use them and start to create with them. However, the bad news is that very often, by not consciously using them in your favor, you unconsciously start using them against yourself.

When we hear the news about Trump's plans, we begin to *imagine* everything that can happen to us (even if it has not happened to us or will not happen to us), we begin to *reason with ideas* everything that is going to happen to us at work and with our income (although nothing has happened to us in particular) and we begin to see the pessimistic side to the situation of change of migratory policies in the "Llunaites."

What if now we are aware that *we are what we think*, we better change the situation that distresses us and turn it into the opposite (what we want) making use of our power of *perspective*, then with our *reason and memory* we begin to think about all the reasons why I will do well and then my *imagination* goes into action to create the perfect picture in my mind of all the good that I want to happen to me and my family from this moment, I hold that image at *will* in *concentration* and listen with great respect to my *intuition* (hunch) to guide me on the steps I must take. Does it sound illogical? Sure! It sounds illogical to our Paradigm, to the old idea programmed in our mind that "everything is going to go wrong." Come on! They even taught us to take into account the super-negative Murphy's Law, but they did not teach us to understand and change our Paradigms!

What I just shared here, if you come back and read it several times until it internalizes in you, can be one of the most important ideas ever incorporated into your life.

Let's review our wonderful 6 creative tools that make us "in the image and likeness of our creator":

- Reason: It is the tool that helps us convert energy into positive or negative thoughts. It is the one that allows us to accept ideas from outside of us (something we hear or see with our five senses) but also to reject them. It is at our command, but we have to let it know.

- Memory: It is our storage center for everything that the school taught us, our life experience and all that we have generally learned in our years on this world. We all have extraordinary memory, as long as we exercise it. It helps us draw ideas, images and past experiences from the drawer to merge them and build something new with our other faculties.

- Perspective: It's our point of view. It is the tool that allows us to see everything good or bad within a circumstance that we may face. It operates from a wonderful and invisible law that says that everything has an opposite side – for everything up there is a down, for everything inside there is an outside, for everything bad there is something good. What perspective do you give to what happens to you?

- Imagination: Pay attention to this, Paisa, the one who understands this, understands everything. Using this tool accurately is *the great secret of success*. The one who manages to visualize their most ardent desire (the great goal we have already presented in Chapter 14) and fuse it with their emotions, it's a fact that it will be made a reality. Imagination is the superior faculty that activates the very famous Law of Attraction.

- Will: It is the tool that gives me the possibility to voluntarily hold on the screen of my mind the image that I created through my ideas, dreams and thoughts.

- Intuition: It's the most extraordinary servant ever created. It is a tool that allows you to collect the answers that your creator sends you so that, like him, you can create. Well shared by my Mentor Bob Proctor when he says in his seminar "In to your Genius": "When you pray you are asking God for what you want and he answers through intuition." It is the flash of inexplicable wisdom (it is different from reason) that guides you, responds and tells you day by day which steps to take to achieve your goal. As mentioned by my friend and coach Doug Dane: "The creative process is lived one day at a time and intuition tells you, when you know how to listen, what you must do in that 24-hour period (…) what you will do tomorrow will probably be revealed tomorrow." And how do I learn to listen to it? Like your body muscles, training it!

These tools are the best route to control yourself, to awaken to millennial wisdom, to have all the answers and know where to walk and understand that success is not a secret, but a process that, when you execute it, makes what is going to happen predictable.

One of the phrases that best describes Proctor is this: "If you tell me what you want, I can teach you how to get it." And it is not that he is a magician, what happens is that the process of getting what you want is not anyone's whim or exclusivity of one, it operates by law, invisible laws that we have been unveiling here, which when you put them together and use them, they always work. Remember, the creative process is a process of always predictable results. Become aware of it.

19

Tip 6:
Ándale, Paisano! It's time to live your life, not the life of others

Your life is designed by God, Nature and the Creative Process to be the movie in which you are the main star – the heroine or hero who always wins, the blue prince who always wins the princess, the hunter who always dominates the beast, the undisputed winner. However, Paisa – Why is it not like that? Why do teenagers from high school get pregnant even though they did not want to get pregnant? Why do we leave our country even though we did not want to leave? Why don't we win all the money we need even if we want to win it and even if we work so hard? Why can't we be regularized before the Border Patrol if we have already tried and they humiliate us more? There are two types of answers – Those who do not know this wisdom that we have shared and those who, like you, no longer have excuses to feel victims of the circumstances, because by now you know that each of us create our own results (whether we want it, know it or accept it or not).

Those who do not know this are convinced that they are in these miserable conditions because they were born poor, because they are from underdeveloped countries and result of a brutal colonization and domination of another time, and so, left them marked for life and only winning the Lottery or marrying a millionaire can get them out of their misfortune (in the style of a Mexican telenovela).

However, you already know that the primary cause of all that is happening to you lies in what you thought in the past, and therefore, what you think today will happen to you tomorrow. Are we ready, as migrants, to start thinking big and live the life of our dreams and give all the comfort and happiness to those we love? Are we truly ready to receive the *American Dream*? Because even to receive it you have to be prepared.

To live in misfortune is often to be living someone else's life, based on the ideas that someone sowed. They may have been loved ones, media, workplaces, regional cultures or even fashions of the moment, but who cares who sowed them? For what is really important is that here and now we can reverse it.

Living the life that someone else imposed on us is a problem of self-image, of not knowing what life we want to live, how we want to live it, where we want to live it. If the Genie of Aladdin's lamp asked you "What kind of life do you want to live in a year from today?" – What would you say? How much would you earn? What productive activity would you love to spend all day? Who would your friends be? What type of home would you live in? What vehicle would you drive? Where would you go on vacation? What would you do with all the money you will have left after giving yourself and yours all the luxuries and comfort you deserve? Or, to be more practical – What would the script of your life be?

Have you ever taken 10 minutes to dream big and write where you would like to be in 10 or 12 months? As Bob Proctor tells us, you have a perfect creative DNA, but some factors were responsible for burying it with doubts, insecurities, Paradigms and all kinds of fears. Let's dig it up, clean it up and get it running. Your creative potential is infinite, it does not need any modification or alteration, only that you enter into the awareness that you have it and start using it. Do not fight with anyone or compete with anyone, create with your powerful and creative faculties. Proctor says amateurs compete but professionals create. Be a professional and pass it on to everyone around you.

Finally, what we want to ask you is to choose the type of person you want to be, with qualities and strengths; write the description of that wonderful character you long to be, a kind of script of life (and do not make it very long, maybe 1 or 2 pages narrating the person you want to be in a few months or a year). Relax, visualize it, record it on your mobile phone, listen to it many times, read it many times, internalize it, and eventually, long before you can even believe it today, you will be in the process of becoming that fantastic person that very soon you will be. Miguel Mateos, Argentine rock singer of the last century, said: "Baby, baby, what are you going to be when you grow up? Rock and Roll Star, President of the Nation?" As simple as that. You have always been great in creative capacity and inner potential, but maybe you had not noticed that. Now that you are already in consciousness I ask you, paraphrasing Mateos: "Paisa, Paisa, what are you going to do now that you know you grew up?" Answering this question sincerely and acting immediately will make you rich, healthy and happy.

Ándale!

20

Tip 7:
Fear to be successful!

"Good thing you fear success!" – *don* Teofilito would say – "It would be bad if it didn't!" Since fear, when you are aware of what it means while pursuing your dreams and goals, is the best compass that exists to give you the certainty that you are going in the right path. We had already commented that you feel the fear because you go to something unknown, to something that you have never done, to something new. However, as Sandy Gallagher says, "the cave you are afraid to go in contains the treasure you have always been looking for." That fear must have an additional ingredient to know, as the mothers say, that it is "the good kind of fear." It must be mixed with emotion, that is, it should be scary but exciting at the same time.

When people have doubts or concerns (something normal in any human being) because their goal has not been met or because they see no signs that it will soon be fulfilled, they are often afraid (to poverty, to lose or to ridicule) and without hesitation they return to their comfort zone, to the place where they feels comfortable because in their imagination they can "predict" catastrophes that can happen. These catastrophes can not be seen, they are invisible, but people can imagine them. However, if you have this "understanding" of what fear means, then on the screen of your mind you build all the reasons why it will happen. This is called "faith", we had seen it before (see the invisible, believe the incredible and receive what the masses consider impossible). Both faith and fear are invisible, they are in your imagination, why then opt for destructive fear and not for creative faith?

Visualizing what you want produces a powerful effect of putting things in order, giving you consciousness and giving you everything you need. Read carefully and calmly, at least 10 times, this small paragraph from Genevieve Behrend's book *Your Invisible Power*, it is self-explanatory:

When your understanding understands the power of
"visualizing the desire of your heart" and you manage
to sustain it in concentration, all the things necessary
to satisfy that image are attracted to you
thanks to the harmonic vibration of the Law of Attraction.

So what do I do when I'm afraid to take an action step to start building my goal? Do it with fear! And you will realize that on the other side of fear there is peace, freedom and the style and type of life that you always dreamed of. Fear is nothing more than the Paradigm fighting for not being altered and keeping things in the current state.

When you decide to "do it with fear," you will begin to feel discomfort, anxiety and sometimes even nausea or a stomachache. This is a conscious way to realize that you are changing and rising vibration. It is the change of vibration in your body that involves aspiring to something greater, to leave the lower mental state to go to the upper one. It is getting from being afraid to having faith that you will achieve it. That's why our goal must be very large and ambitious, to achieve the will and strength to reach it despite the discomfort.

This chapter should give you the light to learn the importance of "feeling comfortable being uncomfortable." I was already said by Nightingale: "The opposite of brave is not to be cowardly, but conformist."

Thank you, fear, for existing! You are an extraordinary guide to know that we are on the right route. Remember, dear fellow immigrant: If when you set a goal of what you want it does not scare and excite you at the same time – then the goal is small and not worthy of you! We must inject a greater challenge, risk and magnitude.

Bob Proctor says: "Taking risks is essential when you want to achieve a goal – because the worst it can get is that best things than those you are currently experiencing happen."

21

Tip 8:
The answers to all my questions

Often, after being a professor at several universities in my country for more than 15 years and having had contact with more than 5,000 students at the classrooms, at some point in the academic cycle I used to share the following anecdote with them:

A few years ago (it was the summer of 2007), I collaborated very closely with one of the people who at that time was considered the best formed in general terms in my country; she was popular, respected, educated and with vision. A good share of the population considered her the most powerful woman of the country by those times. However, on one occasion, while traveling in her private vehicle through some avenue in the south of Mexico City, she and I were discussing a social situation of substance which was highly relevant for me at the time; not knowing what to do, I asked her for advice and she answered me: "Marcelo, return for a few weeks to Chihuahua (my hometown) and make yourself those questions again." That phrase was simple for me, but at the same time it was devastating. I was urged for an answer that she did not give me (nor did she had to, the problem to solve was mine, not hers). In doing what she told me I spent days, then weeks and months, and I never managed to get the answer to my question or to have the closeness I once had with her. I did not know what the questions were, let alone the answers.

Now I ask you, if at this very moment someone very important in your life in some aspect (in my case she was important for my professional development) asks you to ask yourself all the questions again to solve the problem that has you anchored – What would you say? Well, at that time I never managed to have the answers but something wonderful happened in my life. In the fall of that year, I was invited to watch the super-successful film "The Secret," Rhonda Byrnes's wonderful creation on the importance of understanding the creative process that the mind gives us. So today, a decade later, I have the understanding to know that was the answer to all my questions, and it was thanks to "The Secret" that I met one of its most powerful main characters, who eventually became my Mentor, my Teacher, my co-worker in PGI and my friend, Bob Proctor.

The movie "The Secret" opened my mind, but Bob Proctor with his wisdom changed my life and gave me one of the most powerful teachings I have ever learned: "As a rule, the answer to all your questions is to make the decision to do so."

Wow! That moved my whole system of beliefs and opened a new dimension to me that, being so simple, I never even contemplated it as an option, especially since despite having studied from kindergarten to Ph.D. level, I was never taught that in school or university. Therefore, let us now see – with the same wisdom of Proctor – what is a decision, to later incorporate it into our belief system and turn it into a tool of daily use.

A decision is a movement that is done in a millisecond and solves huge problems. It is a discipline that brings order to your mind, which avoids mental and emotional conflicts, which then become reality in the physical world. The decisions are made right where you are and with what you have. Once you make the decision, you will find all the people, resources and ideas you need…every time. The only thing you should consider is whether you want it or not. Whatever it takes to reach your goal, you will attract it. The biggest obstacle you will encounter is the circumstances that are happening at that moment in your life, however, as the Emperor Napoleon said: "Circumstances? – I make them." The next time someone is saying they are not going to obtain a migrant visa, that they will not get a job or that their life will never change, explain to them that they do not need money or connections or circumstances in their favor to achieve this, because when they have made the decision to regularize their migration status, to work exactly where they want or to radically change their lives, they will solve how to get everything they need. It always happens and I personally have confirmed it in the facts many times.

Another important anecdote: When John F. Kennedy, President of the United States, asked the by then Director of NASA (the acronym for National Aeronautics and Space Administration) what was required to put a person on the Moon and return him safe to Earth, the manager just answered: "The will to do it". The President never asked whether it was possible to pay, whether it was safe or any of the thousands of questions that might have arisen and were valid at that time. President Kennedy made the decision, and the fact that it has never been done in the thousands of previous years of civilized life was completely unimportant, not even considered. He decided from where he was and with what he had. The goal was reached in his mind at the time he decided, and it was only a matter of time (which is governed by natural laws) before it manifested itself in fact so that everyone could see it. Remember: "Once you make the decision, you will find all the people, resources and ideas you need… every time."

Become a professional decision-maker that every day, every week and every month of the year is making decisions. The whole world, in all professions, businesses and families, cry out for people who are willing to make decisions. A Basic Law of the Universe is "to create or disintegrate", and indecision creates disintegration.

Your life is very important, but also very short. The poet Disraeli said it: "We are here only a few dozen years…life is too short to make it small." Paisano, you have the potential to do what you want and to do it right. But you must make decisions, and when the time for a decision comes, *you must make your decision wherever you are and with what you have.* Even if this is the only lesson from this whole book that is effectively engraved on you – Congratulations! Stem it in your mind and it will completely change your life. It changed Bob Proctor's and mine.

Ask yourself the question of any doubt you have about your future, make the decision to do what you have to do to achieve what you doubt and start to do it.

22

Tip 9:
It's all about attitude!

The word "attitude" has so many meanings and interpretations that often, if you ask 10 people what they understand by it, they will give you 10 different answers. But for purposes of what we are learning in this wisdom to become powerful migrants and achieve to change first our situation and later the world with our actions, we will understand by attitude "the integration of everything you are thinking in your mind, everything you are feeling in your emotions and everything you are doing with your behavior." We already know that we are what we think.

Attitude is the integration of thoughts, feelings (emotions) and actions.

• Thoughts: You generate them from the energy that flows to you and through you. With your conscious mind (which we have also called "educated" or "intellectual") you can create ideas and images that you then turn precisely into what we call "thoughts". This is where you put into practice the super tools we have already seen to create great thoughts. With my *reason, memory,* point of view (*perspective*) and *imagination* I create a great idea, first written and then held on the screen of my mind with *concentration*, then I keep alert of what my *intuition* tells me. Here I can choose to use or not use my five senses. If they work for me, I use them, but only working from within, building from within and, of course, creating from within me. Everything starts here, that's why we have to do our process of constructing our thinking very well.

• Feelings (emotions): The idea that I built in my conscious mind, I now sow it loaded with emotion and passion in my heart. Remember that when we refer to "the heart", we do not refer to that organ that pumps blood, but to what was referred to by the ancient Greeks, the Bible and contemporary philosophers of this discipline. When we speak of the heart we are referring to our Subconscious Mind, our Paradigm. That is, that part of our mind that is absolutely responsible for everything that every day happens to us. Here lie our values and fears; here are our impulses to action and our doubt; here lies the self-image and our own view of whether we are successful or unsuccessful. It is on this second level (the first was thinking) where the feelings generated by the created thoughts produce a change of vibration in us. Feeling different emotions is a simple way to refer to "change vibration." The vibration in which you are attracts the situation or circumstance that is in that same vibration, science and religions say so. So, every time we feel good – or bad, it allows us to be aware of the type of vibration in which we are and therefore, as long as we do not change that image, of what we are and will continue to attract (and everything is born of a thought, idea and image!).

How do I sow here the good vibe I need to attract all good? We will see it in detail in the last chapters, however, start familiarizing: It is changing your Paradigm, which only happens through two ways: The first one is the constant and spaced repetitions of the idea you want to sow (read the idea a lot, write the idea a lot, hear the idea a lot or pronounce the idea a lot), the other way to do it is through an emotional impact strong enough to change the belief system that currently governs you. The emotional impacts are usually negative (an accident, a loss of relationship or money or death), so the most "practical and peaceful" way to achieve everything you want in a simple way is through repetitions.

Dear Paisano, go shopping for a notebook with many blank pages, for the exponential growth of your results will be closely linked to ink and paper.

- Actions: Physical action is a consequence of having created well the idea in the initial process (with your intellectual factors and sometimes with your five senses) and having seeded it correctly in your conscious mind through repetitions. Action is the way this new vibration of the Paradigm is expressed in the body. The body is a docile instrument that does exactly what the vibration of the Paradigm dictates. Usually, you will see how you do, say and behave in a very different way when you are acting as a consequence of a new vibration developed in your subconscious mind. Some of the steps of action will be spontaneous and unconscious, however many others will be unveiled, day by day, by the super tool that you now know more and is called *intuition*. Remember, intuition is that magic voice that, according to Goddard, is none other than the voice of God that guides you with certainty (and have always guided you, but maybe you were not aware of this wonderful information before).

So from now on, when you want to predict in advance if you are going to get what you want, build a good attitude in relation with that purpose. Let's say you want to increase your income from $ 40,000 to $ 200,000 a year (growing 500% in a year is the simplest thing in the world… when you have the right information and a mentor to guide you). So the first thing to do is:

- Step 1: Think about all the reasons why you can earn that amount (we're not saying you know how to earn it, just make a list of why you can: for your experience, for your ambition, for your talents, etc.) and create an image of you having already achieved it (you do this with your super tools and your five senses).

- Step 2: Then write on paper exactly what you want and develop a little story in a couple of pages of how you look at yourself once you've got it. This writing (obviously, doing it several times, for several days or weeks) will create the image (with your intellectual faculties) of what you want to get and start to "excite" you when you see it on your mind-screen. That emotion, now you know, will change your vibration, and after doing it for "repetitions" on several occasions, it will begin to change your Paradigm and to turn what you want into a new habit… and reflect it in your actions.

- Step 3: Be conscious of all of the above, be aware of what your inner voice dictates and start doing it.

You will always achieve what you want! No matter what, it's all about integrating these three steps: To think correctly, to feel emotions correctly and to act correctly.

It is a matter of attitude!

23

Tip 10:
The leader that all Latinos carry within

All human beings have great potential for leadership within us, it's just a matter of developing it. It is essential that we migrants understand this point, since in the first thing we want to exercise strong leadership is in ourselves, in what we are thinking; we have to take control of that Paradigm that can be disastrous if uncontrolled. A true leader is one who operates from within, it is he who knows – as my Mentor Bob Proctor says – that "absence of evidence is not evidence of absence."

Often you will not have facts that show that your goal is going to be fulfilled or that you are on the right path, but that does not matter, because the leader is not guided by the five senses (for example, what is seen or touched), but from within. The leader knows that what he sees on the screen of his mind and can feel in his heart has counted days to materialize, from the beautiful Universal Law of Gestation that says that everything has a period of incubation to manifest.

The leader of excellence becomes this because he was previously a good follower of others who have already gone through what he wants to achieve. The leader has the ability to have action plans on his idea even though he has no idea how he is going to do it, and if his plans do not work, he makes new plans. Reality is rarely in the appearance of things, therefore, the immigrant who now has this information becomes a creative visionary. In silence, serene and doing much, they follow that inner voice that tells them which way to take.

The prototype of the leader of excellence who can get what he wants was masterfully developed by Napoleon Hill, and here we share at least 12 of his main characteristics. If as an immigrant who wants to achieve the *American Dream* you integrate them as a habit to your daily actions, you are guaranteed success. These are very simple skills that we all can develop, they operate by law, whether we know it or not, but often, by ignorance or laziness, many never discover or put them into practice. I'm excited just to know how useful they will be to you. (We point them out briefly here, for more details, see Chapter 7 of "Organized Planning" by Napoleon Hill, in his book *Think and Grow Rich*).

What should be done or what characteristics the successful leader who controls the outside, but also the inside of him, should have?

1) Brave in undertaking (or as Nightingale says, non-conformist).

2) Self-control of his emotions.

3) Sense of Justice (knows that life operates by natural laws and adheres to them).

4) Makes decisions (does not seek approval, and less with who does not know this process).

5) Makes plans to start (at least the first step and that will take him to others, if his plans fail, he makes new plans. Failure of a plan does not make him a failure, but stop trying does).

6) Does more than he has to do (and thus receives more compensation for what he does).

7) Pleasant personality (this is given by the certainty that he will achieve everything he wants, it is the opposite of bitterness).

8) Compassionate to others.

9) Disciplined (gives himself an order to do something – and obey it, and studies this wisdom daily).

10) Knows how to master every detail (through experts who support, advise and operate that part).

11) He is willing to take full responsibility (finally, if we create our own circumstances, how can we blame someone for what happens to us?).

12) Cooperates with others so that others cooperate with him.

Master your Paradigm and master your dreams. As Proctor says in his book *You Were Born Rich*: You were born to create, to be happy, abundant and healthy. It's just a question of being aware of it and getting to enjoy life with those you love. Do what you have to do, and remember the wise words of Albert E. N. Gray telling us that "the common denominator of success" is doing what failures do not like to do (and sometimes successful people do not like doing it either, but because of the intense desire to succeed, they do).

24

Tip 11:
Let them all grow with me!

Wallace D. Wattles told us over 100 years ago that the #1 key to success is to leave everyone with the impression of growth. Leave everyone, with a simple talk of 5 or 10 minutes, better than when we found them. Either with an idea, candid comment or advice. It does not matter whether you know them or not. It can be the employee of the supermarket, your co-worker, the newspaper seller or your boss at work. But what good is it for us to leave others with the light to overcome something because we have spoken to them? There is a powerful invisible Law that we have already familiarized you with. It is the Law of Cause and Effect, which decrees that for every action performed there is a reaction of equal intensity. Therefore, there is no luck but results by Law. You created everything that happens to you. A person who turns into a life habit to give everything he knows or can will get back the same, although very often it will not come from the same person or source. Working in harmony with the laws that we have presented to you here (which you can study much more thoroughly in other books like Raymond Holliwell's) allow you to literally reach everything you can imagine. But, by Law, you have to imagine it.

Therefore, do good without looking at whom and *expect much* in return. Do not accept the idea of giving without waiting something in exchange, expect much, but do not condition where it will come from. God and the Universe have that question very well resolved. That is why, as Troward tells us in his wonderful writing "The Spirit of Opulence," we must be more focused on giving than on receiving – and seeing ourselves as centers of distribution, since the more we fulfill our functions as these centers, the better the corresponding reward. In other words, and quoting Sandy Gallagher: "Whoever gives, wins."

Paisano, if you turn this chapter into a habit of life it will become the most profitable investment you ever made. Give everyone the best of you. If you are a good gardener, share tips for others to be better gardeners than you. If you are a mechanic, teach everyone everything you know. If you work in a market, give sales techniques to those who sell the same as you. When you give with joy and sincerity, what the Laws of the Universe will give you back will be so abundant in all respects that you will be surprised and ask why didn't it come before (and of course you will know very clearly why).

Get on giving, it is the Law that you will receive back. And do not get confused, it does not necessarily have to be money, food or goods, give what you know, what you like to do, what nobody does like you, but now with this awareness you will give it knowing that you will have much more in return.

25

Tip 12:
I got rich working as a team

Andrew Carnegie, the world's richest man in the 1930's, just as the planet's economy crumbled through the Great Depression, claimed that he got the largest portion of his fortune by working as a team. But he was not referring to the giant team of employees around the world he had to move their businesses, but to the compact team we will call "*Mastermind*."

Bob Proctor and Sandy Gallagher tell us in their personal growth and development program, "Thinking into Results," which I know and have personally experienced, that a *Mastermind* is a way to magnify or expand the power of the mind. We are already in the last quarter of our book, and you now know much about how your mind works and everything you can achieve with it. Imagine now that we are telling you that if your mind achieves everything you want, the union of several minds can achieve what the world wants.

To unite several minds in harmony through a *Mastermind* to achieve something is to work with a power immensely greater than that which an individual mind can produce. Proctor says that it is like connecting many batteries to the same motor – the power grows exponentially, not gradually. This is what is done, not when you want to turn a person rich but when you want to turn a whole region of the world rich. This is what is done, not when you want to solve a serious personal problem that you have but when you want to resolve a war between nations. This is what is done, not when you want to change as a person and be happy but when you want to change for the better a part of the world and make it happy. It is what is done to find the formula to pay the seemingly unplayable debt of a corporation or a country. This is what you do to solve a social, political or humanitarian problem that is impacting much more than your own personal situation. Are we being clear about the kind of power we are introducing to you? It is the power that, if the leaders of the Nations of the World knew it, never again would lack anything for anyone, because they would lead us all towards this wonderful, abundant and ever expanding opulent style of life. The world would be rich.

But what does it consist of? Why so much mystery? There is no mystery, there is bewilderment to the depths of our heart by the ignorance about this wonderful power. We do not doubt that many use it for many things, but we are sure that if it were used for the most serious and deep problems in the world, in a day, yes, in an ordinary day, the necessary ideas could be generated to begin to implement and solve all the inconveniences that were put under consideration, including a nuclear threat, a bankruptcy of a country's financial system or a major immigration reform in which everyone wins.

I recommend a powerful article called "History 333", published years ago in the super best-seller *Chicken Soup for the Soul*, which combined with the teachings of Napoleon Hill and Bob Proctor allow us today to give you the formula to solve in a few minutes any problem of economic, personal, migratory or health type that you can face. We are not telling you that after that meeting of *Mastermind* all will be solved, but what we can assure you is that after that meeting you will have the ideas and the first steps to take to solve that big problem. Paisano, here we share the simple ABC:

- First: Meet with a group of two to eight people who are in a spirit of harmony, this is with the intention of resolving and helping, not competing or destroying. All who come will be there to give all the possibles ideas, thoughts and reasons (do you remember to leave everyone with the impression of growth?). They come to give everything and not to see what they can take.

- Second: Read the 7 Principles of *Mastermind* that we share in the final annex of this book.

- Third: Only positive ideas and opinions are allowed, containing a "how can it be", and opinions and analyzes of "how not" are strictly prohibited, no matter how wise, real and logical they sound. It is only allowed to work with the "how can it be". (It's worth to read the above-mentioned history 333 for much more detail in the technique).

- Fourth: Name a leader who will give in the word and a time taker who does not allow questions or opinions to expand beyond the given time.

- Fifth: Everyone say, individually and briefly (no more than 1 minute per person), a situation that they feel deeply grateful about at this moment. This helps to elevate the positive vibration between the members, to break the ice and therefore strengthen the camaraderie.

- Sixth: You can ask to the *Mastermind* with full confidence everything you want to know and you'll be amazed at the powerful solutions that will emerge there.

It will change your life, nothing will ever be the same, you will receive all the answers and ideas and you will have the route to act to solve your problem in a very short time.

This is the true wisdom of life.

26

Latinos in action 1:
My goal, my dream

Just like the way we narrated in chapter 14, this is the time to grow from having a goal. A goal is something that makes you grow as a person in every aspect of your life. It's what makes you get up every morning as if you had a spring on your back no matter how sleepy you are, the tiredness or the habit of not getting up. A goal makes you feel alive and lets you know that you are living each day to achieve something. A goal makes you productive, happy, and allows you to begin to change the world.

Paisano, it's time for you to work with something that moves you, something that you truly want, something that you have never done and that scares you and excites you at the same time, but above all, something that you don't know how you are going to do, but with everything that you have learned in this book you know that you will be able to do it considering your super tools.

It begins with the following:

1. Decide what you love to do the most: Sit down for a few minutes, relaxed, with nothing else to distract you, ask yourself and write: What do I like to do the most? Be clear that you are not asking yourself "what am I doing now?", but what do I like to do? What am I extremely good for? What talent do I have by birth? What do I enjoy and love to do? Once you answer these questions, which can take several minutes, hours or days, you will realize that this is what life is all about. First to discover what am I very good for and I love to do it, and then to enter into consciousness that the real success in life consists in doing what you like most from knowing what is it that you most like to do.

2. Set a goal by doing what you most want to do: It must be related to what you like to do the most. It must be something giant, illogical in the eyes of others (but very desired and with the belief from your part that it can be achieved), something you have never done, something that excites you a lot for the very idea of achieving it, but

that scares you at the same time. It must be something that you do not know how to achieve, since on the way the higher intellectual faculties will tell you how to find the path to follow. To set the goal you must dream, you must fantasize as you did as a child when you built space stations and houses with the blankets and the chairs of the house. You must allow yourself to take your imagination to previously unexplored levels and write everything that comes to your mind until you define it and know exactly what is it that you want. And remember, the great goal that we are talking about must have these three aspects: 1) Fear and excitement at the same time, 2) You should never have done it before (so there is a growth in you), 3) Not to know how you will achieve it, but having faith that with all we are sharing here you know that you will be able to achieve it. Do you have it already? Now write it on a little card that you will bring as close to you as you can.

3. Take the decision on what you are going to do: Once you have written it, make the decision, from within you, that you will do it, and in that moment everything will begin to move to give you what you have asked for. Ask yourself: Am I able to do this? And am I willing to do everything I have to do to achieve it? And here's where it gets more exciting: How do I know if I'm capable? Well, if everything is energy, including anything you aspire to, if you are a creative being made in the image and likeness of the creator, if the energy is neither created nor destroyed, but only transformed, then with the creative faculties of our minds we will transform that energy (personal situation, state of health or some thing you want) from what we don't want to what we want. Wow! Now I understand what science and theology referred to when each one said it in its own way: "Everything that person touches, turns into gold." And how do I know if I am willing? Only you can answer that.

4. From before, feel as if you have received it and thank for it: Write in a notebook, as often as you can, the deep gratitude you feel for being already in possession of what you want. At this stage you will learn to visualize yourself as the successful and brilliant migrant everyone is proud of, as he achieved the dream that everyone is looking for when they reach the "Llunaites." St. Mark was correct when he decreed in the Gospels: "Believe that you have received and you shall receive" (11:24).

5. Get into action: Act on your idea, listen to your intuition and do what it tells you, respect the messages of God or the infinite intelligence that you will begin to receive. And to do that, in the following chapters we will tell you how to get into action.

The Creative Process works only when the following simple but effective formula is verified:

**Goal + Decision + Emotion + Action =
Manifestation of my desire**

The moment you begin to work for something (your goal), at that moment you are really alive, you feel productive, happy and with purpose. And remember: be persistent, you will not necessarily have to come out all right at first. If you fail, it just means that your plans were not good, but your goal will always be great, embrace it, follow it until you reach it. Failing does not make you a failure, because as Bob Proctor says: "Only the one who stops trying, fails". So if your plans were not good, try others until it works.

Success is going from stumbling to stumbling without losing enthusiasm.

27

Latinos in action 2:
My thirty minutes to be successful

From today, to achieve your dream you must invest at least 30 minutes of your day to give it shape. From 1,440 that the day has, 30 minutes are not a big thing. It means only 5% that you will also invest in your growth. This is where you really begin to put into practice everything we have discussed in the 26 previous chapters.

If you think that you are already in the process of creating your goal by the fact of having read everything we have shared in the previous chapters, forget it, just knowing and having a judgment and opinion on the subject is not enough for something important to happen. For this to work you must combine the route that we are giving you here with your thoughts, your emotions and the action of acting on the wonderful ideas that you will begin to create. Therefore, take these 30 minutes with absolute seriousness... and what will start to emerge from there.

How do I distribute those 30 minutes a day? Try it to be the first productive activity you do in the day; here I share what Bob Proctor and Sandy Gallagher on many occasions have taught us to do:

• Minute 0 to 5: Write your goal.
  Write 10 times the goal that you have set in the previous chapter and that you will project to achieve in a maximum term of one year.

•Minute 5 to 10: Be thankful.
  Give thanks for 10 things. No matter their size or magnitude. It can be for something that you are living (present), that you have lived (past) or that you want to live (future). It can be as simple as giving thanks for having sheets in your bed or as complex as appreciating the teleportation of people across the Universe. But you must feel your inside vibrating when you are writing those gratitudes. The important thing about gratitude is not to say it as if it were a simple recording, but what you feel inside yourself and in your emotions when you manifest gratefully. They must be sincere graces, coming from within.

• Minute 10 to 15: Ask for orientation for the day.

Close your eyes and ask the creator for inspiration to move forward in the day. Ask him to answer your questions and show you the precise steps to take. You will only ask for guidance for that day, let's do it in the short term, 24 hours at a time. Do not push yourself to know what you could do tomorrow or in five days, or what you did not do yesterday. It is one day at a time. The process of creating everything you want is perfect, you just have to have faith that it will work. This exercise not only tells you how to carry the day, but it is also pure gymnastics for your mind and especially for your concentration and intuition, two of the six super tools. Write on paper everything that comes to your mind in those five minutes that you are receiving inspiration with your eyes closed. At first confusing and incoherent things may come from "inspiration," however very fast you will tune these super powers. And of course, act on the ideas and orientations you receive in those powerful five minutes (make the calls, look for people, do the actions or go to the places that guidance instructs you).

• Minute 15 to 20: Send love and blessings.

Send blessings to 3 people that you perceive that at some point have hurt you. Do it sincerely, from within your heart, with your eyes closed and wishing them health, wealth, well-being, a successful family life and everything you would want for yourself. We have already said it, "he who desires for others all the good he desires for himself becomes immensely rich," and this is by Law, by the Law of Cause and Effect.

• Minute 20 to 30: Visualize with your imagination.

We already know that writing produces thought, that we think in images and that the images that we have in our mind are the starting point of everything that we receive and happens to us. Write on paper as clear as you can the way you imagine your goal; make it short, half a page. And then begin to visualize it, that is, to see it on the screen of your mind. The visualization must be like going to see a movie at the cinema – You sit down, close your eyes and start to see everything you want. At first, if you are not trained in the practice of visualization, you can only do it for a fraction of a second, however, imagination is like a muscle that you develop and make it stronger and stronger as you use it. You will be surprised to see everything that your visualization can develop just with practicing a few seconds a day. Well, I say this clearly and bluntly: What you visualize you will receive, whether you know it or not, whether you want it or not. Therefore, it is time for you to take this part of your day with the utmost seriousness.

I share a small excerpt from Behrend's book *Your Invisible Power*: "The conscious use of this great power (to visualize), attracts my resources in abundance, intensifies my wisdom and enables me to make use of advantages that I did not recognize before."

28

Latinos in action 3:
The most important books to read
for the rest of your life

Bob Proctor is very practical, simple person, and he gets to the point. He has read at least 5,000 books on personal growth and development, I know the two libraries at his home and both are full of treasures written in the last 100 years. However, in all the years that I've met him, he has been very emphatic in that there are three books that are the most important ones that anyone can adopt as bedside books.

- *Think and Become Rich*: Bob has 56 years reading it, and it is the central foundation of all his programs. Powerful lessons from this book written by Napoleon Hill, such as autosuggestion, imagination, organized planning or the transmutation of sex, have made millions of people in the world transform their lives exponentially in the last 70 years. Bob says that this book *teaches you to think in practice*. I have it by my side all the time for consultation and daily inspiration, just open it on any page and read any paragraph to receive signals and answers.

- *How Man Feels:* Written in the early 1900s, *this book helps you understand the power and scope of thoughts*. It gives you a deep and at the same time simple explanation of the importance of being aware of what it is to think, and consequently invites you to think. James Allen, the author, affirms that "we are what we think", and in its few 20 pages he bases with simple examples and anecdotes the biblical phrase contained in *Proverbs*: "As a man thinks in his heart, so is he." We strongly recommend sowing in your mind the powerful content of the chapter on serenity and even reading that chapter every day for a month so that serenity gets rooted in you as a habit.

- *You²* (*You Squared*): It is the most modern of the books and, as Proctor mentions it, it causes your mind to enlarge, expand and get to create ideas at levels that maybe you never imagined. Written by Price Pritchett and with only 36 pages, it is considered one of the most powerful manuals for a simple way to take quantum steps and grow exponentially in effectiveness and results. So far I have only seen the edition in English.

There are many more who are transformers, such as the ones by Murphy, Troward, Maltz, Nightingale, Behrend, Proctor, Holliwell or Wattles. However, the three recommended are an extraordinary starting point. We suggest reading paragraphs, phrases, or perhaps chapters. Do not push yourself to read them all from beginning to end. Familiarize yourself with them, internalize them, read many times the same paragraph or page and there will come a time when that wisdom that transforms everything will be part of you and will be new habits in you. Reading gives you understanding, grows your awareness of how the creative process works and leads you surely to success.

29

Latinos in action 4:
I see and feel my dream

Everyone visualizes, whether they know it or not.
Visualizing is the great secret of success.
Genevieve BEHREND

The best tool to be able to jump from A to F without going through all the previous letters of the alphabet is to visualize. You can begin to visualize in consciousness approximately from the 3 years of life, it is a route that will save you decades of intense effort, doubts, worries and fears. If you visualize, your success is guaranteed. It is the most effective tool to get what you want when you do not know how to do it. Visualization is born within you, exercised and activated from the inside out. This is achieved by seeing on the screen of your mind everything you want to happen, your Goal.

Visualization helps you clarify all your doubts. That is why, Paisa, it is very important that you put all your interest in this chapter. We have already talked about the power of imagination and visualization and here we will give you the simple steps to do it.

If you visualize what you want for 30 seconds, you can change your vibration and you will begin to attract all that you want thanks to that superior power to which the Bible and science refer. Visualizing sets you to act. Here I remind you again the central point of all the literary work of Neville Goddard: The Bible, when speaking of Christ, what it's referring about to is our imagination.

The image of the visualization begins to be seen on the screen of your mind when you write your goal. What do you think of a statement like this to start visualizing?:

> Today, December 31, 20__, I am very happy and very grateful now that I am achieving the American Dream, I have my construction and home repairs business and I am earning $ 1,000,000.

What about this one?:

> Today, December 31, 20__, I am very happy and very grateful now that I am an American citizen and I am enjoying all the rights. I have many contacts and I am earning $ 1,000,000 dollars.

Or this:

> Today, December 31, 20__, I am very happy and very grateful now that my family is with me, we are all united, there is love, health and abundance and I am earning $ 1,000,000.00 dollars.

The important thing to know

Writing your goal makes you think, when we think we do it in images, these images allow us to visualize and at that moment ideas, thoughts, opportunities and ideal circumstances begin to appear, flow and parade through our mind in a simpler way.

How many times did you wonder how to make $ 1,000,000 dollars and never knew how?

How many times did you want to start your migration process without the fear that the government office would detain you, and you never knew how to do it?

How many times did you want to dedicate yourself to what you are most passionate about and, not knowing how to start, you never started?

How many times, how many questions and no answer?

How difficult it is to live the anguished life! The great majority of mankind lives it that way until someone helps us to wake up to this new stage of life. But now it is important that you are aware of something very powerful: Visualization is a divine thing, it is a gift that God directly gives us. It is the clear and direct way to communicate to the creator that you need his help to achieve your longings and dreams. Why did the school, the Sunday religious doctrine, or our family circle never teach us this? The answer is very simple: They did not know either. How much suffering can we save the world if we awake today to this millennial wisdom! Neville told us: "Through imagination we disarm and transform violence in the world."

To visualize you must know that within you there is an infinite potential, you can imagine what you want and therefore create what you want! Imagination creates! The dictionary defines it as "the beginning of the creative process." If you did not use it before it was because you did not know its power!

How do I visualize?

Start writing half a page as a small script where you appear, there you are just a second, a minute or a day after you have achieved your goal. Imagine that you have already achieved it. *Do not worry about how to do it, just imagine that you are now there*, without obstacles of money, time, age, level of education, sex or anything. You are the first to believe that image. *You do not have to have all the images*, they will arrive alone as you practice your image daily. This may be something you practice for days, weeks, or months until it arrives, but it is so much fun to do it when you become aware of everything it will give you!

Who are you with?

What are you being told?

What environment is around?

Are you in your country or are you in the United States?

What clothes are you and those who are there wearing?

And most importantly: How do you feel? Happy? Grateful? Tingling with joy in your body?

Keep the picture and after this you will not want to go back to your previous life. *The key is to feel.* You will know that you are visualizing correctly when you feel happy and grateful while being with your eyes closed visualizing that wonderful moment in which what you want is happening. You see in your image people grateful to you, giving testimonies of what you did, you receive e-mails congratulating you, or maybe you are walking through your new home, seeing the bank state of your account with a certain amount, etc. But you must feel; if you don't feel, visualization is not effective. The visualization should make you feel good, without hurry or doubt, calm.

> *Imagination is the most marvelous, powerful*
> *and inconceivable force ever known by the world.*
> Napoleon HILL

Give thanks: When you have a feeling of gratitude you visualize much better. Imagination impacts our whole life since it refers to finding our God within us, that divine ability to create and to be "in the image and likeness."

In conclusion, use the following steps to visualize:

1) Write what you want, use your imagination and build your image.

2) Use concentration to maintain the image on the screen of your mind.

3) Sow the image in your creative mind displaying it repeatedly (viewing several times through the day, week and month) and get excited by what you are seeing (use your five senses to "feel" the image on your skin, hear it, taste it, live it with your eyes closed).

4) From that moment you will start to attract things, opportunities and perfect people for it to happen.

5) Act on the ideas that start to come from you. Listen carefully, as through your intuition (inner voice) your creator will be giving you the steps to follow to turn the image to the physical plan.

Using your faculty of visualization consciously is what will give you the results you want. Believe in your image and learn from Hill: "Everything that your mind can conceive and believe, can be achieved."

30

Latinos in action 5:
The drawing that changed my life

This wonderful drawing you see here is perhaps the most important thing you have ever seen in your life. It was made in 1934 by Dr. Thurman Fleet and is the way to give image to something that nobody has ever seen but all believe: the Mind.

It is a cartoon that represents any human being, whether migrant or not, worker or unemployed, successful or unsuccessful, healthy or ill… happy or unhappy. We are all that cartoon, no matter our nationality or origin, language, religion, color or sex. We are all that cartoon and the only thing that makes us different among Mexicans and Americans, Syrians and Chinese or Kenyans and Australians is our culture and ideas, our way of

Five senses (sight, taste, hearing, smell and touch)

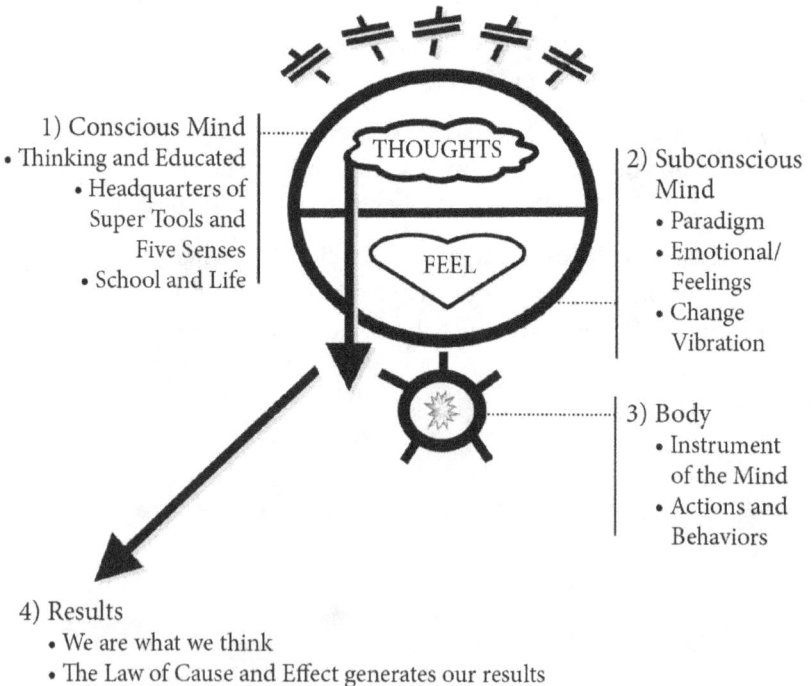

1) Conscious Mind
• Thinking and Educated
  • Headquarters of
    Super Tools and
    Five Senses
  • School and Life

THOUGHTS

FEEL

2) Subconscious
   Mind
   • Paradigm
   • Emotional/
     Feelings
   • Change
     Vibration

3) Body
   • Instrument
     of the Mind
   • Actions and
     Behaviors

4) Results
  • We are what we think
  • The Law of Cause and Effect generates our results

seeing the world, which is what makes us think in a certain way, and as we have said that we are what we think, then there is all the difference between who you are and who you were told you are. In essence, if we cross that part, that of the culture of the countries, the families or the races, we are all exactly the same, and the cartoon that, out of respect for its author, we will call Stickperson, allows us to understand it in a very simple way. This is you or any of the more than 7,000,000,000 people who inhabit this wonderful planet:

Conclusion of the *Stickperson*

1) My thoughts and images create...

2) My emotions and feelings that create...

3) The actions and behaviors of my body that create...

4) All the results I get in all the aspects!

The *Stickperson* is the best drawing to explain why we are what we think.

So Paisa, what are you thinking? You have no pretext! The *Stickperson* now explains the process to create all the results you are getting today and makes you responsible for everything you think, because that will generate everything that happens to you, good or bad. Do you understand why it is so important to take care of what we think?

Begin to think that you already have in your hand the residence permit or nationality, begin to think and create the image that your family is already with you, start to imagine that million dollars are already yours, you see it, you feel it...You are spending it! Begin to think, think, think, think and think and never stop thinking, because the great conclusion that comes here is that *thinking* means to use your super tools to create, first in your mind and then in your life, everything you want. That said, you can conclude that very few people think, since many may have mental activity but are not thinking.

It's time to think!

Explanation in detail of the *Stickperson*

1) Top: Conscious mind.

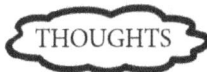
THOUGHTS

- It is the part of our mind that is used to create ideas, dreams, and find solutions to all problems.

- Here is the educated or thinking mind, there lies all the information that the school and our experiences gave us. It's what we think with.

- It is the intellectual mind, which has the possibility of accepting or rejecting ideas that come "from outside us" through the media, comments or doubts and fears that we usually have.

- This is where the five senses are, which are small invisible antennas that connect us with "the outside" and that allow us to see, hear, touch, smell or taste and from that we create an idea, and then an image – and from there the whole creative process is unleashed.

- Here also are the superior faculties, the super tools, those gifts that we have by birth: Reason, memory, perspective, imagination, concentration/will and intuition.

- Here lies the Genius that we all have and that allows us to "think." When we think, what we are doing is to use our superior faculties to create the ideal image and start the creative process to obtain the results that we want.

- It is the part that allows us to use our experience to create, and if the experience is not enough then it connects us with a superior intelligence from which all the answers come from. This is where the *Mastermind* gets the possibility to create things never seen before, like the Internet, the plane, teleportation or putting a person in outer space.

2) Middle: The subconscious mind.

FEEL

- It is also known as emotional mind. The Bible and the ancient Greeks also called it "The Heart." Remember in the sacred scriptures the part of *Proverbs* that says: "As man thinks in his heart, so is he."

- This is where the Paradigm is. That multitude of ideas that rooted here became habits that are now responsible for all our results.

- This is where we are going to expose the ideas of limitation and fear, and where we sow the ideas of abundance, faith and creation of what we want.

- It accepts everything you want to introduce in new ideas. It does not question anything, it accepts all.

- It is the part in charge of changing the vibration of your body, so that your behavior changes and you generate new results.

3) Bottom: The body.

- It is the instrument that serves to execute the orders created from the new ideas that we have created and planted in our mind.

- The body, by performing different actions and behaviors (changed from the new idea or dream), begins to receive new results.

- The new results are obtained from a reaction of the outside world to the new actions and behaviors of the person. New actions generate new results. This operates by law, the Law of Cause and Effect (to every action there is an equal reaction). Therefore, if you give more, you get more; if you give less, you get less.

> *Whatever you do in life depends on you,*
> *you have all the tools and resources you need.*
> *What you do with them depends on you. The choice is yours.*
> Bob PROCTOR

31

Latinos in action 6:
Write *now* in advance what the story of your life will be and seek who will guide you

Dear Paisano Latino and migrant from anywhere in the world, the rules that we have just given you in this book are the answer to all the questions of your life. They are the route that can lead you to make the radical change you always wanted, or leave you as you are now.

Only today you know the problem of staying *just like you are now*. We are in this world to create or disintegrate, and the only way to create is to grow every day, to move towards our goal, to have achievements every day, and that is only obtained by leaving the comfort zone, or what is the same, where you are now.

Your comfort zone is your current state, good or bad but current. Our nature is meant to be happy, but dissatisfied. Thankful for everything we have, but dissatisfied. Being dissatisfied does not make us bad people, on the contrary, it makes us live daily with that spirit of expansion and growth in everything we do in our life.

A person who does not grow every day and advances towards his goal, is not creating, and therefore can only be doing one thing: Disintegrating. The one who does not grow every day towards his goal is less than the day before. It is a rule of life – Create or disintegrate. There are no middle terms for this.

Therefore today, Paisa, *feel deeply grateful for everything you have, but ask for more*. Ask for more health, ask for more time with your children, ask for more trips to your country to visit your family, ask for a better salary, ask for more happiness and joy and of course, ask for more abundance and money, a lot of money to be able to give you and everyone you love comfort – ask for your first million dollars! When you have a lot of money you can give home, food, clothing, quality health, comfort and much joy to those you love. Then – why not ask for more, much more?

As my Mentor Bob Proctor says: "Big Money" is more than you can spend on yourself when you are awake and with the surplus be able to render great services (even when asleep) doing what you like, far beyond your physical presence. Therefore, we suggest the following:

At this very moment and with the pen and paper that you have closer to you, begin to write the story of what you want. Do not leave it for later or for tomorrow because there are very high chances that, if you not do right at this time, you may never do it. The Paradigm would ensure that you stay in your comfort zone so that nothing changes. Do it today, and as Emerson says: "Do things and you will have the power to do things," that is, start doing it and it will put everything in your favor so that you finish doing it.

I suggest starting this way:

Today, I am very happy and very grateful now that...I am earning a million dollars... I am united with my family... my immigration status is regularized... my new home is wonderful... my health is better than ever... now I am facing the opportunity I always wanted (and describe it in the present tense)... money comes to me in increasing amounts, from different origins and permanently...

And you will strategically fill the blanks and phrases with what you want to happen from today.

If you take care of the simple actions that I have suggested here and were taught to me over almost a decade by Bob Proctor and his phenomenal team, I guarantee that you will achieve what you want. And it is not because it is my whim, but because it operates by law. If you obey it, it works for you, and if you do not obey it, it also works, but in the opposite direction.

I hope this helps you understand why there is so much limitation, poverty and shortcomings in the world, it is only ignorance of this simple way to achieve everything, but that challenges our logic and education of a lifetime – and a whole civilization! Can you imagine what Latin America, Iran, Kenya or Algeria would be like if there was only a small change in the way people think? Can you imagine how any of our countries would be if only those who govern and direct them use these tools to govern and organize us all in a spirit of harmony, hope, creativity and honesty? Wow! Just thinking about it makes me feel goosebumps.

Start writing the script of your life, make it short, simple and that makes you feel good. Visualize what you can and practice several times a day until it becomes a habit. *Remember that repetitions of visualizing, reading, listening and writing change your Paradigm, and that your Paradigm creates your results.*

And one more thing, the best suggestion that you will find in this book:

If you want to be sure that you are doing well and that the good things happen as soon as possible, *get a mentor or coach to guide you on the right path and do what you are told.* Do exactly what he/she tells you and as he/she tells you to, and if he/she is a good mentor, I assure you that you will find success much sooner than you can imagine. When people get the right directions and execute them, they always succeed. Do not hesitate to invest time and money in yourself, it is the best investment you can ever make, and remember this anecdote that Proctor shared in a seminar in which we were working with him: When a person asked him how much money would it cost to learn the formula of success with a good mentor he answered: "How much would be what – To learn the formula or not to learn it?" The question is answered by itself.

Price Pritchett tells us in *You²*, his quantum-step book: "Do your move before you're ready (…) 'Getting Ready' is, quite frankly, a stalling tactic, an act of anxiety, a con game you're working on yourself. You are already positioned to escape to a higher plan of performance. If you wait until you can get it perfect, you will never get it at all. The time to start is now."

With all my heart I hope that the millions of migrants that prowl around the World find in these pages a good reason to change our circumstances, our results, our world and our civilization – So be it! Everything we want already exists, it's just a matter of being aware and manifesting it.

I am the beginning and the end, and there is nothing
that has to exist that has not been and already exists.
Ecclesiastes 3:15

32

A word of eternal gratitude to the President of the United States of America, Mr. Donald Trump

Scottsdale, Arizona. Summer of 2017

Very Distinguished Mr. President:

At least during the last five decades, all the Presidents of that great nation that you head today, in some way or another had the migratory issue as a priority. They persecuted paisanos, deported millions and played the game of anti-immigrant protectionism in a nation of immigrants. But let me acknowledge that for migrants there will never be any one like you. No one used the Law with as much patriotic conviction and inbreeding as you did.

The majority of the world considers that you are the prey of a racist, intolerant and compassionless hatred towards us the migrants of the world, but especially against the Latins. However, I think it is not this way, I think that simply the repletion of a life of miseries, fears and endless persecutions put you in our path. You had from your campaign so much unconscious ability to engage us emotionally with fear, doubts and concerns, that our vibration changed and we ended up attracting you to us, so easy and simple. Thanks for being where you are.

If you had not suddenly appeared to threaten, insult and persecute us, we would not have awakened to the awareness of all that we now know we can do. If you had not failed to respect the Mexican people with the issue of the wall and your statements, world solidarity wouldn't have been so easy. Fear is one of the greatest emotions that exist and, although destructive, it can also be used to create. You helped us sow that fear and develop it to unsuspected creative levels, and now that we are already vibrating high it is just a matter of sowing to harvest.

Thank you, *don* Donald, few people have done so much for the migrant community as you have; thank you very much, since our world and your nation will never be the same after you… and our awakening to the life we always dreamed of.

We wish you success, abundance and health in everything that fate has prepared for you.

With gratitude and respect,

Dr. Marcelo GT
Just one more migrant.

Annex

The Seven Principles of a *Mastermind*

I always start each meeting of my *Mastermind* reading reading these seven principles and their commitment:

I release	I release myself to the *Mastermind*, because I'm stronger when I have others helping me.
I believe	I believe that the combination of intelligences leads me to a wisdom of greater level than mine.
I understand	I understand that I easily obtain positive results in my life when I am open to observe myself, my problems and opportunities from the point of view of others.
I decide	I decide to fully release my desire to *Mastermind* and I am open to accept new possibilities.
I forgive	I forgive myself for the mistakes I have made. I also forgive those who hurt me in the past to be able to go toward the future in a healthy way.
I ask	I ask the *Mastermind* to hear what I really want, my objectives, my dreams and my desires, and I listen to them to support me achieve my goals.
I accept	I understand, relax and accept, believing that the *Mastermind's* working power will meet all my needs, and I am thankful to know that this is this way.

Dedication and Covenant

Now I have a pact in which it is agreed that the *Mastermind* provides me in abundance in all things needed to live happy and successful. I dedicate to the maximum to be in the service of God and of my fellow human beings, to live in a way that will give the highest example for others to follow and to keep an open channel to God's will. I go forth with a spirit of enthusiasm, excitement and expectancy.

About the Author

Dr. Marcelo GT is the husband of an extraordinary entrepreneur, writer, screenwriter and student of the mind; he is the father of two children and has a large and successful experience in diverse fields. He has a solid humanistic, academic, social, environmental, sports, political and moral principles education. He is a Doctor in Administration and in his public and professional life has been University Professor for more than 15 years, Congressman, General Director of Social Security Services of the State; Secretary of Education, Culture and Sports, and for three years liaison of his State to the Office of the Presidency of the Mexican Republic.

As a lawyer, politologist, administrator and consultant in various fields, especially in human, corporate and government development and growth, he is well known as "The King Midas" or "The Whirlwind" because of the speed and precision with which he transforms exponentially and massively and to its best version all that is entrusted to him.

Since 2009, Dr. Marcelo GT has become one of the most outstanding Latino students in Bob Proctor's formula for success in turning ideas into things. In 2016, after seven years of continuously studying the creative process that decrees that "we become what we think," he was accredited as a Certified Coach and is now considered a Lead Consultant in Latin America and Spain within the Proctor Gallagher Institute.

His long stays in Mexico, the United States, Canada, Spain and Argentina and traveling across more than 40 countries have allowed him to know the idiosyncrasy of Ibero-American and immigrants' Paradigms in-depth. Working and being trained by Marcelo is a guarantee to generate massive results! His teachings focus on Bob Proctor's tried-and-tested formula for transforming people, businesses, and governments and to help them understand and unleash the infinite potential that exists within them.

Ándale!

To learn more about Dr. Marcelo GT, please visit his website:

www.concienciaenmovimiento.com

www.drmarcelogt.com

To learn more about how you can be trained and
coached personally by Bob Proctor and Dr. Marcelo GT,
please send an e-mail to:

info@concienciaenmovimiento.com

info@drmarcelogt.com

"*¡Ándale! es una lectura fascinante y de fresca perspectiva. Leer y adentrarte en este libro es como descubrir un cofre con un tesoro lleno de pepitas de oro. El Dr. Marcelo GT incluye consejos respaldados por fundamentos espirituales y científicos. Si usted está buscando ideas prácticas y concretas para la acción, no busque más. Este libro pertenece a mesillas de noche, burós, estantes y altares en todas partes.*"

– Peggy McColl, , autora de best-sellers del *New York Times*

"*El Dr. Marcelo GT tiene una manera simple para indicar un camino claro hacia el éxito para los latinos que se sienten atrapados por sus circunstancias en la retórica política actual y generalizada en los Estados Unidos. Él explica que cada persona ya posee todo lo necesario para vivir la vida abundante y exitosa que siempre ha deseado. Lea este libro y siga su sistema para lograr que sus sueños se conviertan en realidad*".

– Mick Petersen, autor de best-sellers internacionales

"*Trate este libro como lo haría con su posesión más sagrada. Dentro de estas fascinantes páginas está la llave para desbloquear la prisión cultural en que cada ser humano se encuentra atrapado. No hay más excusas, El Dr. Marcelo GT ha delineado claramente un Proceso paso a paso para el empoderamiento individual y la libertad para Tomar acción AHORA! He sido una estudiante de esta información desde hace varios años y personalmente con la lectura de este libro, he experimentado una mayor comprensión del poder de estas herramientas*".

– Marie McMahon, PTA, LMT, CECP, consultora del Proctor
    Gallagher Institute

"*Qué mente tan creativa tiene el Dr. Marcelo GT para crear un libro que amplíe el horizonte para muchos latinos. ¡Esta obra seguramente despertará la conciencia en la comunidad latina, así como de otras comunidades en todo el mundo! ¡Una lectura maravillosa!*"

– Claudia de Vires, *Matrixx*, abril del 2017

"*Cuando conocí al Dr. Marcelo GT por primera vez, inmediatamente me di cuenta de que tenía un mensaje para compartir. Así que de verdad te animo a escuchar con tu corazón de lo que él habla, porque verdaderamente así es. Él es un experto cuando se trata de aumentar el potencial de las personas, y cuantas más personas combinan su potencial, más poder produce una determinada idea o movimiento. Lee este libro con corazón y mente abiertas y hazlo por lo menos tres veces para que se interiorice. ¡Lo vale!*"

– Stephanie Schuster, consultora del Proctor Gallagher Institute

No puedes escapar de una prisión
hasta que no reconozcas que estás ahí.

BOB PROCTOR

Ándale!

Un llamado a la Accion para los
Latinos en la Era de Trump

Dr. Marcelo GT

Publicado por
Hasmark Publishing, judy@hasmarkservices.com

Ilustraciones
Galvez

Editor
Jorge Villalobos

Diseño de portada
Patti Knoles
Patti@virtualgraphicartsdepartment.com

Diseño
Anne Karklins
annekarklins@gmail.com

ISBN-13: 978-1-988071-60-2
ISBN-10: 1988071607

Hasmark
PUBLISHING

Para mi querida Clau, que me señaló la ruta desde el principio.

Para Iker y Paolo, que me ayudaron a encontrarla

Agradecimientos y palabras del autor

Hoy por la mañana, cuando pedí respetuosamente orientación a Dios para escribir este libro – que antes que nada es una guía para despertar exitosamente a la vida y que surge gracias al señor Presidente de los Estados Unidos de América, Donald Trump–, lo primero que me vino a la mente fueron estas palabras: "Hazlo muy rápido, pero con seguridad y calma". ¡Guau!... y así fue como inicié la aventura exitosa que unos días antes comenté de manera muy emocionada con mi esposa Claudia y con Sandy Gallagher, Cory Kelly, Arash Vossoggi, Peggy McColl y un grupo de recién conocidos latinos que coincidimos en Toronto, Canadá, la semana pasada en el super evento de Bob Proctor y Sandy Gallagher llamado Matrixx. Gracias a todos ellos por haberme escuchado e inspirado.

Yo sabía dentro de mí el sentido de urgencia que existía para "escribir con seguridad... pero con calma" estas páginas que hoy están cambiando la historia del pensamiento, la migración y la riqueza de esta maravillosa comunidad hispana de la que yo orgullosamente formo parte y que conformamos más de 700'000,000 en todo el mundo, incluyendo los cerca de 70'000,000 que viven en los Estados Unidos.

Lo mejor que les puedo dar a mis hermanos de raza es compartirles la sencilla fórmula del éxito que yo aprendí a partir de un tropiezo tras otro en la vida, y que gracias a una estupenda orientación entre los años 2008 y 2017 de un experto como Bob Proctor, me enseñó a hacer lo que yo ya sabía hacer muy bien, pero que yo creía que no podía.

Paisano y migrante de cualquier parte del mundo, prepárate para triunfar, porque después de leer estas ideas, nunca volverás a ser el mismo, nunca te volverán a ver igual los güeritos, pero lo más importante es que nunca jamás volverás a pensar en ti mismo como hasta hoy lo hiciste. Toma en cuenta esta poderosa afirmación de Sócrates que aprendí en el programa de "Thinking Into Results": "Emplea tu tiempo en mejorarte con los escritos de otras personas, así fácilmente te convertirás en lo que otros tan duro han trabajado para ser".

Este libro te está despertando para saber todo lo que eres capaz de hacer en unos cuantos meses, para que con riqueza, éxito, salud, felicidad y abundancia en todos los aspectos, tú puedas decidir si te quedas a seguir triunfando en los *Llunaites* o te regresas por la puerta grande a tu querido país en donde tantos te extrañan, y ahora, rico, te necesitarán.

¡A tu salud, hermano!

DR. MARCELO GT

Mientras me encuentro sobrevolando en primera clase por Aeroméxico los bellos estados de Texas, Tamaulipas y Nuevo León, el 15 de abril del 2017, a mi regreso de Toronto, Canadá.

Los Tigres del Norte y Molotov cantando a los pueblos de América con sentimiento latino

De que me sirve el dinero
si estoy como prisionero
dentro de esta gran nación,
Cuando me acuerdo hasta lloro,
y aunque la jaula sea de oro,
No deja de ser prisión.

– Los Tigres del Norte, "La jaula de oro"

Haber nacido en América es como una bendición,
tierra de bellas imágenes que alegra el corazón,
mosaico de mil colores, bellas mujeres y flores.
Para los pueblos de América les canto mi canción.
...¡De América yo soy!

Del color de la tierra yo he nacido,
por herencia mi nombre es castellano,
Los del norte dicen que soy "latino",
No me quieren decir "americano".

Si el que nace en Europa es europeo
y el que nace en el África africano,
¿por qué, si yo he nacido en América,
no me quieren decir "americano"?

– Los Tigres del Norte, "América"

Podrás imaginarte desde afuera
ser un mexicano cruzando la frontera,
pensando en tu familia mientras que pasas,
dejando todo lo que conoces atrás.
Si tuvieras tú que esquivar las balas
de unos cuantos gringos rancheros,
¿les seguirías diciendo "good for nothing wetback"
si tuvieras tú que empezar de cero?

– Molotov, "Frijolero"

Contenido

1

¿Para qué escribir esto?...
Y es que Mr. Donald Trump
necesita que le reconozcamos algo

La opinión pública de todo el mundo y con mucha frecuencia la propia de Estados Unidos ha convertido a Mr. Donald Trump en la "piñata preferida" para estarla subiendo como en fiesta de cumpleaños mexicana para que todos le peguen, en ocasiones incluso pareciera que esa contradictoria situación es lo que a diario lo tiene en los comentarios de buena parte de los más de 7'000,000,000 de habitantes que somos en el mundo y los cerca de 700'000,000 que integramos la comunidad hispana, latina o como la quieran denominar. Si nos ponemos a estudiar cómo deberíamos de ser nombrados tal vez encontraríamos muchas combinaciones de palabras distintas: "mexico-americano", "sudamericano en Estados Unidos", "hispanoparlante", "iberoamericano", "centro americano-americano" o como sea, pero la verdad es que esa no es la razón para escribir estas líneas, porque la real denominación que a todos se nos debe de dar es la de "ser humano", así de simple y sin meternos en "conceptualizaciones científicas, genéticas y de ADN", porque lo único que haríamos sería llenarte de información que en este momento es irrelevante para lo que queremos lograr con ¡*Ándale!*

Mi mentor Bob Proctor me enseñó que todos los seres humanos somos iguales, ¡y es verdad!, ya que no estoy de "romántico" o "soñador de la unidad de las razas" al estilo del Vasconcelos mexicano, porque a lo que se refiere Bob es a que si haces una revisión de todas las regiones, países, lenguas, colores o ADNs, lo único que vamos a encontrar diferente entre todos nosotros es la *cultura*, pero una vez que "atravesamos esa cultura" todos somos iguales. La cultura no es más que un montón de ideas que se encuentran fijas en nosotros por una cantidad que ni siquiera nos imaginamos de razones, pero que se encuentran tan arraigadas y sólidas en nosotros que se llegan a convertir en *hábitos* y casi todo lo que a diario hacemos es habitual. Esas ideas profundas se llaman *paradigma*, pero de eso hablaremos más adelante.

Pues bien, volviendo a don Donald, siempre he sostenido con mucho respeto pero también con objetividad que él está haciendo las cosas lo mejor que puede, *desde su nivel de paradigma*, o sea, desde el punto de vista que él tiene de la vida, de sus ideas, de su visión, de lo que le enseñaron sus papás o abuelitos (¿cómo quieres que vea las cosas distintas si posiblemente nunca ha trabajado con él mismo para abrir su mentalidad y saber que hay algo más allá de él?). Obviamente que es un punto de vista muy poco popular y atractivo, porque a los ojos de las masas está "atropellando" a un grupo étnico de alta presencia mundial. Pero te propongo algo: vamos a imaginar sólo por un pequeño momento (lo que tardes en terminar de leer estas líneas) que don Donald *no está mal*, al menos desde su punto de vista, y eso *hay que reconocérselo*. Así que, ¡felicidades, Mr. Trump! Está haciendo usted las cosas lo mejor que puede, pero, ¿qué tal si nos permite de manera respetuosa y gentil compartirle que en nuestra maravillosa inteligencia tenemos, aparte de nuestros cinco sentidos (oído, gusto, tacto, olfato y vista), una cajita de herramientas con super poderes infinitos llamados *factores intelectuales o facultades superiores* con las que se puede lograr que *cualquier ser humano* en el mundo, sin importar quién sea, en qué crea, de dónde sea, en dónde esté o a dónde vaya, puede darle la vuelta a su realidad y mundo... y luego al mundo real?

Esta cajita con sus herramientas super poderosas es responsable de que sean millonarios casi todos los millonarios del mundo... y también de todos los pobres. De todas las personas que están con sus familias... y de los que no están. De todas las personas que viven felices en su país... y de quien tiene que vivir en otro lugar "orillado por las ¿circunstancias?". De todas las personas que se han convertido en el orgullo de su familia y comunidad...

y de quien no tiene gran cosa de que sentirse orgulloso o contarle el día de mañana a sus hijos, pero sobre todo, esa cajita de herramientas con super poderes infinitos es responsable de cada paisano que ha sufrido en la era Trump y cada paisano que ha seguido creciendo a pesar de las circunstancias; de cada paisano que tiene miedo y de los otros que tienen fe en que ni esto ni nada los sacará de rumbo. Carnalito de sangre y de viaje, te invito a que las conozcas, te invito a que te conozcas.

Don Donald, le reconocemos que, gracias a su forma tan particular de ver al mundo, nos está despertando como raza y como migrantes para saber de todo lo que somos capaces. ¡Gracias!... No se ría, ¡de verdad, gracias!

2

¿Qué paso?
¿Por qué nos fuimos?
¿Quién tomó la decisión de que
nos fuéramos de nuestros países?

Ya lo dijeron Los Tigres del Norte, Embajadores de la Música Americana: "Haber nacido en América es como una bendición, tierra de bellas imágenes que alegra el corazón, mosaico de mil colores, bellas mujeres y flores"... entonces, si nuestra tierra, gente y tradiciones son tan maravillosas, ¿por qué nos fuimos?, ¿no será un poco contradictorio salirte de lo bello para irte a lo menos bello? Bueno, vayamos contestando cada una de las preguntas de este título.

¿Qué pasó?

Para nada pretende esto ser un libro que te "ilustre" sobre historia de las migraciones o de los países latinoamericanos, ¡para nada!, pero sí merece la pena que comentemos qué fue lo que estuvo detrás de irnos de lo que tanto amamos, por lo que es bueno saber que en el caso de México, básicamente después de la guerra civil (Revolución Mexicana), la moral de una gran parte de sus habitantes quedó dañada en su honra y dignidad. Después de tantos muertos, miedos, violaciones, enfrentamientos, despojos de propiedades, ausencia de gobiernos estables, familias divididas por la muerte, el alcoholismo que devino con todo esto, el alto desempleo, la falta de credibilidad de la comunidad internacional, los maximatos o cualquier otra causa que recuerdes, dio como origen que la imagen de nosotros como pueblo y la opinión de nuestro país se afectara en gran medida (contrario a lo que se piensa, que una guerra te deja liberado y lleno de energía para volver a empezar), y si a eso le agregamos "la moral" que ya veníamos arrastrando por la Conquista, la Inquisición, la imposición de un idioma y religión y trescientos años de vida colonial bajo el control español, pues "nuestro sistema de ideas" no pasaba por su mejor momento.

¿Qué pasó entonces? Lo que pasó fue que esas ideas fijas en nuestra mente nos llevaron a pensar y por lo tanto a materializar en un alto porcentaje de nuestra entonces joven población, que en nuestra tierra era *imposible* salir adelante, por lo tanto era necesario irse a donde *sí era posible*. Esa idea inició la migración de México hacia Estados Unidos y posteriormente *la idea* se expandió desde Guatemala hasta Argentina para convertir a la región latinoamericana en una región en donde la idea de la pobreza y la carencia estaba presente en la mayoría de sus habitantes. Por si algo faltara y para azotar más nuestra autoimagen como pueblo, los organismos internacionales que "nos ayudan" nos bautizaron como países "marginados", "en vías de desarrollo" (pero no desarrollados), "del Tercer Mundo" o "emergentes". Psicológicamente fue como nombrar "Gordolfo" a quien quiere adelgazar, "Ceguetón" a quien tiene algún problema en su vista o "Tontín" (como el de Blanca Nieves) al niño que tiene problemas para salir adelante en la escuela.

¿Por qué nos fuimos?

Permitimos que en nuestra mente maravillosa nos arraigaran la idea de que era *imposible* salir adelante en donde estábamos, pero sobre todo, que para superarse era necesario *sufrir y sacrificar* lo que más amamos, ¡qué terrible mentira nos contaron! (pero de eso hablaremos con más detalle en otros capítulos). Si sólo hubiéramos sabido que cada uno de nosotros *podemos crear nuestros propios resultados, entorno, economía y salud*, otra historia hubiera sido la de la maravillosa región de América Latina.

¿Quién tomó la decisión de que nos fuéramos de nuestros países?

¿De verdad quieres saberlo? ¿Estarías dispuesto a asumir toda la responsabilidad de saber quién estuvo detrás de esa decisión de irnos de mojados? El que tomó la decisión de haberse ido, de no regresar o de quedarse ahí aunque no sienta que encaja *fuiste tú*, consciente o inconscientemente pero fuiste *tú*, nadie más. A menos que seas o hayas sido en el momento un niño, adulto mayor o discapacitado que no podía valerse por sí mismo. Pero fuera de eso, no hay nadie más a quien culpar de estar en donde te encuentras. Ahora bien, nos queda muy claro que no lo hicimos con la intención de hacernos daño, sino por costumbre, por cultura, por inercia, por *hábito de migrar*, y esto sólo se entiende por el montón de ideas que tenemos arraigadas en nosotros y que forman parte de nuestro *paradigma*.

Según Maxwell Maltz, el *paradigma* es una programación mental que nos hace tener incorporadas en nosotros ideas que se convierten en hábitos, y casi todo lo que hacemos todos los días es habitual. ¡Caray! Una idea de la gente con la que me mezclo, ¿primero se convirtió en orden, luego en hábito y después en acción en mí? Sí, posiblemente de manera inconsciente, pero la respuesta es *sí*.

Pero déjame decirte algo que te puede llenar de esperanza y expectativa: Así como tú creaste posiblemente de manera inconsciente el momento en el que hoy te encuentras, así puedes darle la vuelta a todo en unas cuantas semanas. Sigue leyendo y, con la fórmula que mis mentores Bob Proctor y Sandy Gallagher me enseñaron, te diremos qué hacer desde donde estás y con lo que tienes, no importa que tan fregado o no estés.

3

¿En dónde estamos?

¡Estamos en el mejor momento de la historia Latina en Estados Unidos! ¡Con un potencial infinito para hacer todo lo que siempre soñamos al cruzar legal o ilegalmente esa larga frontera! ¡Con amplias posibilidades de ganar en un año los montones de dólares que posiblemente no hayamos ganado en toda nuestra vida! ¡Con la posibilidades inmediatas de regresar a nuestra patria ricos, poderosos, triunfadores y por la puerta grande!... Ups, pero al parecer, *¡no nos hemos dado cuenta!*

Las religiones y la ciencia, únicas fuentes de información fiables para la mayoría de nosotros los latinos, nos lo explican de manera confusa (claro, para los que no somos teólogos o científicos), pero aquí te lo aclaramos de manera sencilla:

**¡Todos tenemos dentro de nosotros una
inacabable capacidad de hacer todo lo que queramos!**
*(Esto se logra siguiendo las sencillas leyes de la vida,
y Dios opera por ley... y también la ciencia)*

Debemos de estar conscientes y entender lo que acabamos de leer en las dos líneas de arriba, y una vez que lo entendemos (y eso es precisamente lo que busca este libro), tu conciencia (entendimiento) se hace más grande y comienzas a comprender los resultados que tienes todos los días como consecuencia de la "causa y efecto" que James Allen explica de manera extraordinaria en su obra de principios de 1900 llamada *Cómo el hombre piensa*. Todo lo que te está pasando es el resultado de algo que hiciste o no hiciste y que tuvo su origen en un pensamiento.

Muy bien, Paisa, vamos a simplificarlo para que lo puedas comentar con el sacerdote de tu parroquia o con tu profe consentido. Aquí va:

La Biblia es muy obvia (pero nos falta esa consciencia de entenderla mejor) al decirnos en el Génesis (1:26) que estamos hechos "a imagen y semejanza de Dios" y luego en muchos versículos nos reitera que "Dios está presente en todo tiempo y en todo lugar" (omnipresente). Posteriormente la ciencia de manera abrupta nos dice que "todo es energía" (está en todos lados y en todas las formas) y que "la energía ni se crea ni se destruye, sólo se transforma" (siempre existe pero de distinta manera y nosotros, según la física cuántica, le podemos orientar la forma que tomará).

¿No te parece que estamos hablando de lo mismo? ¿No crees que ciencia y religión van muy de la mano aunque parezcan diferentes? ¿Qué no pudiera ser la energía que está en todos lados el Dios de la ciencia, y Dios, que ni se crea ni se destruye porque ya es, la energía de la religión? ¡Qué enredo!... pero una vez que lo leemos varias veces y lo entendemos, hay una lucecita interior que se enciende y nos empieza a aclarar el camino; esa claridad se llama *estar conscientes o al tanto de lo que sucede*, y una persona que sabe lo que le sucede y por qué le sucede comienza a tomar control de la situación de una manera diferente y empieza a comprender que puede ser que sí sea cierto que cada uno de nosotros somos responsables de los resultados que hemos vivido ayer, que vivimos ahora y que vamos a vivir mañana.

Entonces, ¿soy responsable de haberme ido de mi pueblo a los Estados Unidos por no haber estado conciente de las oportunidades? ¿Soy responsable de haber tenido un proceso de migración tan difícil y sufrido? ¿Soy responsable de que me hayan deportado varias veces antes de poderme establecer en los *Llunaites*? , ¿Soy responsable de que no me hayan dado la residencia, ciudadanía o visa de trabajo en todos estos años?... y, ¿soy responsable de la persecución que ha iniciado contra mí don Donald Trump para echarme de su país?... Si te contestáramos: "Sí, pero que tienes todo el poder de Dios y de la ciencia para transformar tu situación actual por la que siempre has querido", ¿seguirías leyendo este libro?

Pues síguelo leyendo, porque te lo vamos a decir, pero por favor, ábrete de mente y sé receptivo, vayamos más allá de como nos educaron las abuelitas latinoamericanas, ya que lo que estás a punto de leer posiblemente va a ser la más importante información que jamás hayas aprendido en toda tu vida, y ni siquiera vas a necesitar estudiar más de lo que ya sabes. La educación de la escuela nada tiene que ver aquí. Entonces te vamos a decir cómo puedes hacer "todo lo que tú ya sabes que puedes hacer, pero que crees que no puedes hacer".

Conclusión

¿En dónde estamos? ¡Estamos en el mejor momento y en el mejor lugar para darle de inmediato una vuelta radical a todo lo que hemos "sufrido" todos estos años! (¡porque quisimos!).

Ooooooooooooootra vez lo reiteramos: ¡Gracias, don Donald, por despertarnos!

4

¿En dónde queremos estar?

Queremos estar en donde queríamos estar la primera vez que llenos de sueños y esperanza nos salimos del pueblo: Estar sanos, estar muy felices, ser muy ricos ("The American Dream") y, sobre todo, ser dueños de la decisión de regresarnos a nuestra amada tierra o de quedarnos en esta gran nación, los Estados Unidos de América. Para poder continuar con la "revelación del secreto" (que no es ningún secreto porque está en la Biblia y en muchos libros desde hace siglos), escoge desde este momento lo que quieres: regresarte rico, feliz y saludable a tu país para convertirte en el orgullo de tu generación y de tu pueblo, o quedarte también rico, feliz y saludable en los Estados Unidos y convertirte, solo por haber comprendido los sencillos pasos de este libro, en el orgullo de la comunidad del lugar donde resides. Escoge, y en las dos situaciones ganas (tómate tu tiempo, y cuando hayas escogido si te vas o te quedas, entonces continúas leyendo estas sencillas líneas que bien se las pudiéramos estar enseñando a un niño o niña de siete años y nos entendería con la misma claridad). Escoger es tomar una decisión. Tómala.

¿Ya escogiste, Paisa? *Ok*, continuemos.

Cuando nos fuimos con todo y chivas al norte, todos le dijimos a nuestra jefecita que íbamos a triunfar, a ser exitosos, a hacerla en grande y luego a enviarle mucho dinero para que pudiera cambiar su vida en el pueblo. ¡Suena fenomenal! Pero cuando partimos con rumbo a cruzar la frontera entre México y Estados Unidos, ¿teníamos la más remota idea de qué significaba exactamente "tener éxito" en nuestra aventura? ¿Sabíamos realmente qué era lo que íbamos a hacer? ¿Teníamos en mente una imagen clara de lo que ganaríamos, en dónde trabajaríamos y cuándo lo lograríamos? Si tu respuesta es sí, ¡felicidades! Con seguridad fuiste uno de los poquísimos paisanos que supo probar algo de las mieles del éxito; pero si tu respuesta fue no, como nos indica Bob Proctor que sucede en 99 de cada 100 personas, consideremos entonces este capítulo para definir lo que es "el éxito".

En los años 50s, Earl Nightingale, autor del libro *El secreto más raro* y un gran experto en materia de crecimiento y desarrollo de las personas, definió el éxito de esta manera:

"El éxito es la progresiva realización de un ideal valioso".

Lo que acabas de leer posiblemente se escucha sencillo y ligero, ¡pero es una definición muy completa!, tanto que te la queremos decir nuevamente:

"El éxito, es la progresiva realización de un ideal valioso".

Cuatro palabras que al entenderlas te revolucionan la conciencia, te dan rumbo de vida y te permiten replantear todo lo que te queda por hacer. Cuando las entiendes en toda su extensión y las pones en práctica, nunca más te vuelves a sorprender del éxito que obtienes, sin embargo no dejas de sorprenderte de lo ordenado que todo comienza a ser en tu vida y en tu entorno.

Vamos a analizarlas como mi mentor Bob Proctor me lo enseñó hace casi una década en su clásico programa de crecimiento personal llamado "El rompecabezas del éxito":

- Progresiva: Moviéndote continuamente en una dirección.

- Realización: Es materializar y obtener lo que quieres o y deseas intensamente.

- Ideal: Es la idea de la que te has enamorado, es tu meta, tu objetivo, lo que más deseas, algo por lo que cambiarías tu vida. ¿Recuerdas alguna vez que te hayas enamorado de una persona? Tal vez de tu pareja o tu bebé. ¿Recuerdas esa sensación interior de plenitud, paz, compromiso y dicha? Pues ahora imagínate poder hacer "clic" con todas esas sensaciones y emociones debido a tu profundo compromiso de realizar algo.

- Valioso: Debe de ser algo por lo que merezca la pena invertir una parte importante de tu vida, el ideal debe de merecerte a ti, de ser digno de ti, ya que por él vas a intercambiar muchas cosas que también son valiosas para ti, y cuando decides sobre esto ya no hay marcha atrás.

Pudiéramos seguir hablando de lo que es el éxito, pero no profundizaremos más, ya que lo comentado es lo suficientemente sencillo, claro y obvio para que cualquier persona mayor de siete u ocho años lo pueda entender. Entendamos algo, pues: El truco de todo esto es el *entendimiento, conciencia y despertar* que desarrolles sobre lo que hemos hablado.

¿Y que es el entendimiento, conciencia y despertar? Es darte cuenta de que ya posees todo lo que necesitas para vivir la vida de éxito que siempre soñaste, y conforme vas leyendo estas líneas empiezan a aparecer con más claridad los pasos que deberás de ir dando. Paciencia, todo lo sabrás y experimentarás antes de concluir este libro, si haces exactamente lo que te decimos.

Conclusión

¿En dónde queremos estar? ¡En la cima del éxito! Y lo vamos a lograr, así que lo primero en lo que tenemos que pensar por ahora es: ¿Cuál es entonces esa meta digna de mí, que ahora quiero fijar y alcanzar en unos cuantos meses? Comienza por escribir, en un diario que utilices para lo que te habremos de ir pidiendo, todo lo que se te venga en mente y que crees o estás seguro que deseas con mucha pasión, porque será el punto de partida con el que trabajaremos en los próximos capítulos.

5

¿Por qué el pueblo de Nogales (USA) es rico y la Ciudad de Nogales (México) no es rica?

Son dos ciudades fronterizas que en los estados de Arizona (USA) y Sonora (México) comparten la misma cultura, tradiciones, lenguaje y personas (hispanos). Tienen las mismas fuentes de recursos naturales (agua, aire, tierra, etc.) y hasta el mismo paisaje, sol y luna, y sólo las separa una valla fronteriza y una tercia de puentes internacionales. Eso sí, Nogales, Sonora, es mucho más grande y cosmopolita que su gemela de Arizona debido al boom en los años 70s de la industria maquiladora y la impresionante llegada de personas de todo México y Centroamérica en busca de oportunidades. De entrada la historia suena como dos hermanitas, una mayor y otra menor, que se quieren, se cuidan y son iguales en prácticamente todo.

Mmm. ¿Será así? Veamos.

De entrada, todas las generalidades de ambas poblaciones las hacen iguales, pero hay un pequeño detalle: la riqueza económica de uno y otro lado.

En Arizona (USA) el salario mínimo es de más de 10.00 dólares la hora (en el año 2020 será de 12.00), por lo que por una jornada laboral de ocho horas en promedio una persona ingresa aproximadamente 85 dólares como salario mínimo, esto es, teniendo los ingresos más bajos que legalmente pueden existir en esa ciudad y sin sobreexplotar a la persona, ya que se le dejan libres las restantes 16 horas del día. Así pues, a 85.00 dólares el día, en promedio nos da un salario mensual en 30 días de 2,550 dólares y uno anual de alrededor de 37,000 dólares incluyendo bonos, prestaciones, etc. Y aún con este salario, el estadounidense se siente con poco dinero.

En el lado mexicano, el salario mínimo vigente en el 2017 es de 54 centavos de dólar por hora, lo que nos da un total de aproximadamente 4.00 dólares por una jornada de ocho horas (en el 2020, siguiendo las tendencias de los últimos 30 años, será de alrededor de 4.65 dólares), y es obvio que con este ingreso a un trabajador no le quedan libres las restantes 16 horas del día, sino que, lo más seguro y obligado por su realidad visible, tendrá que buscar una segunda o tercera fuente de ingresos para mejorar esos 4 dolarotes que una jornada completa le dio. Por lo tanto y sin tener que ser ingenieros matemáticos, podemos concluir que al mes el salario del lado mexicano será de 130 dólares y al año de alrededor de 1,650, incluyendo todos los complementos que la maquila o empresa le puedan dar.

¿Cuál es la diferencia entre un norteamericano pobre que gana 37,000 y un mexicano pobre que gana 1,650 al año? ¿22.5 veces? ¡Pues no! La diferencia entre 37,500 dólares al año frente a los 1,650 es *el paradigma*. ¿Que qué? Sí, el paradigma.

¿Y qué es eso? Ya lo habíamos mencionado al inicio del libro: son un montón de ideas, imágenes y pensamientos que se encuentran sembradas, arraigadas y muy sólidas en nuestra mente. Esas ideas, al ser tan importantes para nosotros, se convierten en hábitos, y casi todo lo que hacemos todos los días es habitual. El paradigma es el responsable de los resultados que recibes, de todos.

Cada día, desde que te despiertas y sin pensarlo siquiera, haces en automático prácticamente lo mismo. Veámoslo paso por paso, casi en todo vamos a acertar:

1) Levantarse.

2) Ir al baño a hacer lo que se tenga que hacer y a ducharse.

3) Vestirse.

4) Desayunar.

5) Irse a trabajar en el mismo transporte, por la misma ruta y a la misma hora.

6) Sentarse en el trabajo en el mismo lugar, con la misma gente y hacer básicamente lo mismo.

7) Tomarse su cafecito a la misma hora.

8) Salir de trabajar a la misma hora y casi siempre con el mismo estado de ánimo.

9) Regresar a casa por la misma ruta, en el mismo tipo de transporte y a la misma hora.

10) Comer, sentarse en el mismo lugar y discutir con los hijos o pareja lo mismo que casi siempre se discute.

11) Descansar y posiblemente dormir una siesta (inspirados en la tradición española).

12) Realizar las actividades cotidianas, sociales o del hogar.

13) Dar de cenar, bañar y dormir a los niños,

14) Ver las noticias o discutir de lo usual con la pareja.

15) Dormir para prepararme para empezar mi próximo maravilloso día... que será igual casi en todo.

Fin del día.

¿Acertamos? ¿Es habitual lo que todos los días hacemos? Posiblemente lo único que varía diariamente de estas 15 acciones es que un día iras al supermercado, otro irás a recibir un corte de cabello, otro a cargarle combustible a tu automóvil y en otro al festival escolar de tu hijo, pero el 75 u 80% siempre será lo de siempre, lo habitual.

¿Es malo lo habitual? ¡No, para nada!... siempre y cuando estés feliz y plenamente realizado con lo que haces, eres y recibes. Es maravilloso el hábito de tener una gran relación con tus hijos, es fantástico tener el hábito de trabajar en lo que más te gusta, es increíble contar con el hábito de ganar el dinero que quieres ganar, es fenomenal tener siempre el hábito de pasar la vacación que toda la familia escogió y que era la vacación de sus sueños... pero, ¿tienes una gran relación con tus hijos? ¿Trabajas en lo que más te gusta, al grado que podrías incluso hacerlo gratis de tanto que te gusta? ¿Ganas el sueldo que siempre has querido? ¿Siempre viajas de vacaciones a los lugares que la familia desea y escogió con toda precisión (y en primera clase)? Si la respuesta a cualquiera de estas preguntas es "no", entonces estamos frente a una actividad que ya es un hábito, que no te gusta, con la que no eres feliz (pero la sigues haciendo) y frente a la que no sabes qué hacer (aunque sí sepas cómo solucionarlo).

Repitámoslo, el *paradigma* es un montón de ideas, imágenes y pensamientos (es una programación mental) que se han vuelto parte de nosotros y que se han convertido en hábitos permanentes en todo lo que hacemos todos los días, por lo tanto, es el paradigma el responsable de todo lo que me pasa todos los días, todos los meses y todos los años. ¡Y todo nació de una idea, pensamiento o imagen!

Ganar 37,000 dólares al año en Nogales, Arizona (USA) es un hábito (que luego se convierte en resultado) que está en el paradigma de los que viven de ese lado, y ganar 1,650 lo es en el de los mexicanos.

¿Se puede hacer algo para que esto cambie? *Of course!* ¡Sólo *cambia el paradigma!* Cambia esa parte de tu mentalidad e ideas arraigadas con la que no eres feliz y diséñala exactamente como quieres que sea. ¡Deja de pensar que eres pobre porque así te tocó nacer!, ¡deja de pensar que no eres rico porque naciste en el "Tercer Mundo"!

Te invitamos a que sigas unos sencillísimos pasos que te iremos mostrando y en unas cuantas semanas o meses te sorprenderás con los tremendos cambios que tu vida, tus seres queridos y todo tu entorno pueden experimentar. Y Paisa, como dice Bob Proctor: "En seis meses más necesitarás un telescopio para ver en dónde estabas ahora", y la buena noticia es que desde donde está y con lo que tiene, quien esté dispuesto aprenderá de manera sencilla cómo hacerlo.

Conclusión

Nogales (USA) y Nogales (México) pueden ser tan ricos o tan pobres como su paradigma y su imaginación se los permita. Si el Nogales del lado mexicano decide hoy cambiar su paradigma, desde donde está y con lo que tiene, en menos de cinco años será tan pujante y prometedor como Phoenix o Las Vegas, pero tiene que tomar la decisión y cambiar su programación cultural. Y esto, querido Paisa, lo puede realizar sin muchas complicaciones un líder bueno y comprometido, que entienda de esto y contagie a su pueblo del entusiasmo para lograrlo. No se necesita dinero ni mucha inteligencia, sólo la decisión de hacerlo.

6

¿Qué nos está deteniendo para tomar la decisión de hacer todo lo que siempre hemos querido hacer?

Hace algunos años me compartió mi mentor Bob Proctor que a principios de los años 60s del siglo pasado, el entonces Presidente de los Estados Unidos de América le preguntó al director de la NASA "qué era lo que se requería para poder poner a la primera persona en la Luna", y éste le contestó: "La voluntad para hacerlo". El Director de la Agencia Espacial nunca le habló de cantidades económicas, de esfuerzos especiales a realizar o de condiciones tecnológicas (que en aquel momento hubieran sido absolutamente comprensibles), simplemente le dijo: "La voluntad para hacerlo". Ahora hagámonos la pregunta del título de este capítulo a nosotros mismos: ¿Qué nos está deteniendo para tomar la decisión de hacer todo lo que siempre hemos querido hacer, ser o tener?, y la respuesta será, si somos honestos: "La voluntad para hacerlo".

Para lograrlo, lo único que necesitamos es ser honestos con nosotros mismos y reconocer en dónde estamos (capítulo 3), a dónde vamos (capítulo 4) y qué es lo que nos ha impedido, hasta hoy, llegar ahí (capítulo 6).

Entonces, si quiero cambiar lo que gano, las actividades que diariamente realizo, mi estado de salud, mis relaciones con otras personas, mi actitud frente a la riqueza y la abundancia y en general tener la vida que como Latino migrante siempre soñé, lo primero que debo de hacer es *tomar la decisión* de que así sea.

Cuando le preguntamos a la gente cuándo fue la última vez que tomaron una decisión, con frecuencia nos miran con confusión y luego de unos momentos contestan lo primero que se les vino a la mente. En algunas ocasiones hemos tenido pláticas con personas honestas que entre lágrimas nos han contestado: "No recuerdo nunca en mi vida haber tomado una decisión importante". ¿En serio?

Paisa, ponle atención a esto: Las empresas, los gobiernos, ¡y el mundo!, piden a gritos todos los días que aparezca gente dispuesta a tomar decisiones. Te contaré lo que Bob Proctor me enseñó sobre este super poder que, como él dice, "hace la diferencia entre las personas de éxito y las que nunca lo obtendrán". Nos dice que una decisión "es un movimiento que puedes hacer en un milisegundo y con el cual resolver enormes problemas. Es algo que tiene el potencial de mejorar casi cualquier situación personal o de negocios que te puedas encontrar... y literalmente puede llevarte por el camino de un éxito increíble". Y continúa diciendo: "La indecisión causa destrucción en la persona... no sólo el dinero que ganas es impactado por tus decisiones, toda tu vida está dominada por este poder. La salud de tu mente y cuerpo, el bienestar de tu familia, tu vida social, el tipo de relaciones que desarrollas... todas dependen de tu habilidad para tomar decisiones de calidad", y tal vez la parte más contundente de estas reflexiones de Bob, la que más hemos estudiado en los últimos años, es la siguiente:

"Una vez que tomas la decisión, vas a encontrar a todas las personas, los recursos económicos e ideas que necesites... siempre".

(Hasta la fecha, cada vez que leemos este último pensamiento, por su magnitud, se nos eriza la piel).

Entonces, querido hermano migrante, ¿qué te está deteniendo para tomar la decisión? La respuesta es muy clara: *tu paradigma*, tus ideas que alguien te sembró de niño, tus propias limitaciones que alguien te arraigó en la adolescencia, tus pensamientos que fuiste formando al ver "la desgracia generalizada de las masas" y por supuesto el tamaño de las aspiraciones que tienes al día de hoy. Dijo Albert Einstein, el super científico ganador del premio Nobel en los años veinte del siglo pasado: "Es más importante un *sí puedo* que mi coeficiente intelectual" y "es más importante mi imaginación que todos los conocimientos y grados académicos que tengo", y mira que él sí tenía grados y conocimientos, y aún así le dejó toda la importancia a su imaginación.

Tú, Albert Einstein, el director de la NASA, los presidentes Kennedy y Trump, Bob Proctor y yo, tenemos la misma capacidad para tomar decisiones, para generar pensamientos y para utilizar nuestra imaginación en la construcción de grandes ideas que pueden transformar al mundo, a nuestro mundo. Lo único que necesitas es estar consciente de lo que te estamos diciendo, *entender* el alcance de lo que una decisión significa en tu vida y, sobre todo, estar dispuesto a tomar esa decisión que hoy, con lo que tienes y desde donde estás, puede hace la diferencia entre que te encuentres muerto de miedo, sin esperanzas, escondido sin trabajo y sólo esperando a que don Donald te deporte del país, o que con *consciencia* y *entendimiento* de esta fórmula que te estamos comenzando a revelar tomes la decisión, desde el interior de ti, de que antes de que pase un año serás rico a partir de tu nueva idea, estarás estable y productivo, saboreando los primeros sorbetes del "Sueño Americano" y sobre todo *decidiendo tú mismo* si te quieres quedar en los Estados Unidos a ser aún más exitoso de lo que serás dentro de doce meses o te quieres regresar a tu país a construir más éxitos y *a estar con los tuyos que tanto amas* y a quienes, por miles de razones, hace tiempo dejaste.

Conclusión

Lo único que me detiene de tomar la decisión para hacer todo lo que siempre he querido hacer es mi paradigma y el entendimiento y consciencia de lo que esta decisión puede hacer por el bien de mi vida y la de todos los que me rodean. ¡Toma la decisión de lo que siempre has querido!

7

¿Por qué hay latinos que sí triunfaron?

En la Gran Depresión económica mundial de los años 30s, en las conocidas crisis económicas latinoamericanas de los años 70s y 80s, en la caída de los precios del petróleo de los 80s y del siglo XXI, en el "Efecto Tequila" de México en los 90s, en el "Efecto Caipirinha" brasileño y durante "El periodo del Corralito Argentino" a finales e inicio de estos siglos, sólo por mencionar algunos casos famosos en el continente, *habían latinos e inmigrantes haciéndose ricos*, de manera legal y decente, únicamente por usar de una manera distinta su inteligencia. Esto es, mientras muchos se volvían pobres o más pobres, había unos pocos haciéndose ricos o más ricos sin robar a nadie.

Consciente o inconscientemente, estos exitosos estuvieron "programados en su paradigma" para seguir pensando en abundancia mientras el mundo, según los cinco sentidos (lo que oían, lo que veían, lo que percibían externamente) les evidenciaban momentos aparentemente imposibles de superar.

Bien lo ha dicho mi mentor Bob Proctor: "La persona que vive solo por sus cinco sentidos, nunca tendrá nada extraordinario que contarle algún día a sus hijos o nietos, ni nada de que sentirse orgulloso al final de su vida". Los cinco sentidos, dijo Moisés, "pueden ser una bendición... o una maldición" y, claro, depende mucho de cómo los uses. ¿Te guías por lo que dice la prensa?, ¿te guías por lo que dice tu vecina?, ¿te guías por lo que dice quien te ama y te quiere pero que desconoce absolutamente cómo alcanzar el éxito y las funciones creadoras de la mente? ¿O has aprendido a guiarte a través de ese extraordinario *genio interior* que tú y estos latinos exitosos tienen y que – con toda certeza te lo digo– es el responsable de su rotundo éxito en las buenas y en las malas?

Dentro de ti hay un genio espectacular que muy posiblemente no hayas descubierto en su totalidad. ¿Recuerdas que comentábamos hace algunos capítulos que Einstein declaró que no estábamos usando todo nuestro potencial e inteligencia? Pues esa es la razón por la que tanta gente pasa por esta vida y nunca logra gran cosa, ni ayuda a la raza humana, ni nunca hace lo que más le gusta, lo que más le apasiona, lo que pudiera hacer por horas, días, meses, años, por toda una vida si fuera necesario, y perder completamente la noción del tiempo de tanto que lo disfruta. Estos latinos exitosos, estos "inexplicables millonarios" pero muy queridos por las masas, sabiéndolo o no, están programados para ser exitosos.

¿Cómo es eso de que están programados?

¿Recuerdas cuando hablábamos del *paradigma*, cuando decíamos que ahí está la causa primaria de todos nuestros resultados y que es "una multitud de ideas que se encuentran arraigadas en nosotros, que al ser tan importantes se convierten en hábitos, y que todo lo que hacemos *casi todos los días* es habitual"? Pues estos latinos están programados para siempre ganar dinero, para siempre dar servicio con lo que más les gusta hacer, para hacer cosas que les gustan mucho; son personajes que trabajan con *el genio* y no tanto con el cuerpo, son personas que logran "ver en la pantalla de su mente" lo que quieren recibir antes de recibirlo, pero, sobre todo, son Latinos que *tienen metas.*

Sin excluir a nadie, pero tratando de ponerte ejemplos claros de lo que te estoy diciendo, la siguiente lista es de gente como tú y como yo, que en algún momento han sido migrantes, la gran mayoría de ellos de orígenes económicos muy humildes pero que por alguna razón lograron programarse positivamente, trabajar con el genio, trazar una meta y persistir hasta lograrla. Bien dice Napoleón Hill que la persistencia "es un seguro de vida que te protege contra el fracaso". No sabemos si ellos saben quién los programó, cuándo los programaron o en qué condiciones sucedió, tal vez eso no sea relevante, pero lo que sí importa es que tú también puedes trabajar de esta manera y en unas cuantas semanas o meses darle un giro impresionante a tu vida y comenzar a trazar una ruta para convertirte en uno de ellos:

Nombres: Shakira, Selena, Jorge Ramos, María Elena Salinas, Edward James Olmos, Alicia Machado, Marco Rubio, Arturo *Arte* Moreno, Julio Mario Santo Domingo (quien en vida llegó a tener más riqueza que Mr. Donald Trump), John Arillaga, Jorge Pérez, Lionel Sosa, Charles Patrick García, Christopher y Judd Reyes, Maluma, Marc Anthony, Jeniffer López, Susana Martínez, Ted Cruz, *Daddy Yankee*, Brian Sandoval, Antonio Villaraigosa, Hilda Solís, Bob Menéndez, Jorge y Carlos De Céspedes, Alex Rodríguez, Armando Codina, Jorge Mas Santos, los hermanos Hernández de Los Tigres del Norte, Julión Álvarez, Juan Gabriel, Tony Meléndez del Conjunto Primavera, Romeo Santos, Don Omar, Luis Miguel, PitBull, Ricky Martin, Enrique Iglesias, América Ferrera, Gloria Estefan, Eva Longoria, Sonia Sotomayor, Christie Turlington, César Conde, John Leguizamo, José Hernandez, Julie Stav, Julián Castro, Richard Carmona, Bill Richardson, Alexander Acosta, Henry Cisneros, Giselle Fernández, Janet Murguia, ChiChi Rodríguez, Nely Galán, Anthony Romero, Ralph De la Vega, Emilio Estefan Jr., María Hinojosa y Mario Piolín Sotelo.

Conclusión

Seguro que con algunos de los más de 65 nombres de Latinos de todas las áreas que te acabo de compartir te identificas. Ninguno triunfó por casualidad: Consciente o inconscientemente su mente se programó, vio el sueño, *lo sintió* como si ya lo estuviera viviendo, perseveró, pero, sobre todo, cada uno de estos paisanos exitosos hizo lo que más le apasiona hacer, y posiblemente lo harán por el resto de sus vidas.

¿Qué me dirías si te digo ahora que con todo lo que me enseñaron mis mentores, y en especial Bob Proctor, hoy puedo decirte cómo hacer lo mismo y hasta más que estos respetables personajes?

8

¿Qué tiene Trump en contra de nosotros los migrantes?

Te lo digo claro y de frente: Mr. Trump *de fondo* no tiene nada contra nosotros los Latinos ni con los mexicanos en particular, y bien merece la pena, si en verdad queremos un cambio en nuestra vida, que dejemos de echarle la culpa por nuestra situación actual.

Mi mentor Bob Proctor me enseñó que la naturaleza, la vida y Dios se rigen por leyes, y una de esas leyes es la "Ley de los Polos Opuestos" o "de la Polaridad", y decreta que:

- Para todo arriba hay un abajo.
- Para todo adentro hay un afuera.
- Para todo obscuro hay un claro.
- Para todo negativo hay un positivo.
- Para todo atropello de don Donald hay una gran oportunidad que nos da don Donald.
- Para todo fracaso en los Estados Unidos hay una opción de éxito en los Estados Unidos.

Y sólo podemos lograr esto usando nuestro *genio*, con una de sus maravillosas herramientas, la *perspectiva* o "punto de vista". ¿Cómo pudiéramos convertir las ofensas de Trump en ofertas de crecimiento de Trump? ¿Cómo pudiéramos convertir las bromas en apariencia groseras de Trump en invitaciones al crecimiento? ¿Cómo podríamos convertir la idea del muro de don Donald, por decir algo, en una bendición y un atractivo turístico? Peores escenarios de tragedias, cuando se les inyecta perspectiva, he visto que se convierten en atractivos mundiales al más alto nivel.

Conclusión

¿Cuál es el título de este libro? Pues eso es lo que te pido que comiences a internalizar en tu mente mientras continúas leyéndolo: *¡Ándale!* Este es un llamado a la acción para los Latinos y los migrantes en general en la era de Trump; date cuenta, ¡Trump nos está haciendo un favor al tratarnos así!

Un último comentario: ¿Qué debemos entonces hacer, usar el *genio* a nuestro favor, o nos seguimos victimizando escondidos, en pésimas condiciones, enfermándonos, con sentimiento de persecución y sin aparente solución? Bien lo dice Napoleón Hill al darnos sus consejos de éxito, después de entrevistar a las 500 personas más ricas del mundo hace más de 70 años: "Al levantarte por la mañana, nos cuesta el mismo esfuerzo exigirle riqueza y abundancia a la vida, que asumir y aceptar la miseria y la pobreza". Aspira a lo grande y sigue estos consejos.

9

¿Es culpa de Trump el miedo que está sintiendo la comunidad hispana?

Si pensamos con la lógica de las masas, de los que mayoritariamente están asustados, quebrados, que se sienten víctimas y perseguidos, los que prefieren que les lleven la pesca en lugar de hacer un esfuerzo por aprender a pescar, entonces la respuesta es *sí*. Pero si pensamos con la "ilógica" de esta nueva conciencia y despertar que aquí proponemos, entonces es el momento de responsabilizarnos no sólo de lo que conscientemente hacemos, sino también de lo que, inconscientemente, estamos creando en nuestro entorno y, sobre todo, de los resultados que estamos obteniendo. ¿Pero cómo me responsabilizo de lo que ni siquiera sé que soy responsable? Pues empecemos por el sabio dicho que en alguna etapa de su formación aprendió Bob: "Sólo puedes escapar de una prisión cuando sabes que estás en ella".

Ya habíamos comentado que todos tenemos un *paradigma*, ese montón de pensamientos que se nos fueron metiendo en la mente como "ideas" y que fueron tan fuertemente abrazadas por nuestras emociones que terminaron arraigándose y convirtiéndose en los hábitos de actuar o de comportamiento que a diario hacemos como personas. La relación con nuestros clientes es parte del paradigma (¿qué opinan de nosotros?), la casa en la que vivimos es parte de nuestro paradigma (¿es la casa de nuestros sueños o es la que internamente la mente nos dice que "es lo más que podemos tener"?), el ingreso mensual y anual que ganamos es parte del paradigma (¿ganamos todo lo que necesitamos para tener un maravilloso nivel de vida o constantemente bajamos ese nivel de vida para poder empatar el sueldo?), las relaciones personales son parte del paradigma (¿son tormentosas o agradables?), nuestra salud es parte del paradigma (¿todos los días de todos los meses del año tomamos medicamentos y siempre hay algún padecimiento o por lo regular estamos sanos?). Todo lo anterior podrá parecer confuso y hasta cómico, pero es la realidad; *todo lo que a diario nos sucede, nuestros resultados*, son responsabilidad del *paradigma* que tenemos, pero lo más importante es que estés consciente de que si lo cambias, tu vida cambia.

Y cambiarlo es muy fácil, Paisa, pero debe de nacer de ti, nadie te puede hacer cambiar si tú no quieres y no te dejas, *se te puede ayudar si lo permites*, pero, como dijo Aldous Huxley, "nadie más que tú puede cambiarte a ti".

Por lo tanto, el *miedo* que alguien pudiera estarte haciendo sentir, esa emoción paralizante que aparentemente no te deja avanzar, es tu responsabilidad dejarlo dentro de ti o sacarlo. A pesar de que el sentimiento del miedo puede llegar a ser hasta escalofriante, también es invisible, tienes miedo a "algo que te vaya a pasar, aunque no te haya pasado", te sientes "en confort" haciéndole caso al viejo dicho popular latinoamericano que dice: "Cuando veas las barbas de tu vecino cortar, pon las tuyas a remojar" (¡cuando aún ni siquiera existe el hecho!). El miedo es *invisible*, tú crees que te va a pasar, pero de inicio no tiene por qué pasarte (a menos que consciente o inconscientemente estés atrayendo que sí te pase). Por lo tanto, es sólo cuestión de poner atención a lo que aquí te compartimos, sabiduría milenaria que por siglos ha estado disponible en bibliotecas y mentes privilegiadas y que hoy, gracias a muchos años de estudio al lado de Bob Proctor, ponemos de forma sencilla a tu alcance.

Pues bien, al *miedo* no lo podemos ver, es invisible... pero la *fe* también.

Tanto la fe como el miedo nadie los puede ver o tocar con sus cinco sentidos, pero sí se pueden sentir con los factores intelectuales, con esas herramientas super poderosas dentro de nosotros que nos llevan a ver o a no ver, a sentir o a no sentir, a condenarme o a construir la vida maravillosa a la que tengo derecho. ¿Qué te parece si en lugar de ver el miedo "a lo que puede pasar" dentro de ti, mejor tenemos la fe (también desde dentro de nosotros) "en lo que quiero que me pase"?

Ya se ha sido dicho con la maestría que Napoleón Hill acostumbra: "La fe es ver lo invisible, creer lo increíble y lograr lo que las masas consideran imposible". Por lo tanto, sé inteligente y brillante y, desde adentro de ti, cambia el miedo por la fe, comienza a ver en la maravillosa pantalla de tu mente, usando tu imaginación, lo que sí quieres que suceda, lo que sí quieres que sea el resultado final, y velo hasta que tu emoción sea tal que lo sientas en tu cuerpo con alguno de los cinco sentidos.

10

¿Por qué Mr. Donald Trump nos está haciendo un favor?

Porque se necesitó de la llegada de una persona con su personalidad y características para que los inmigrantes en verdad despertáramos y nos diéramos cuenta de que "estamos donde estamos porque nosotros así lo creamos" (¡aunque no lo sepamos!). Por lo tanto, si no llega Trump y nos mueve el tapete de la zona de confort, hubieran pasado más administraciones de "amenaza de deportación" pero sin el activismo intimidante de esta. Así que, sin habérselo propuesto, don Donald nos está ayudando a despertar y a tomar conciencia de lo que a nuestro alrededor hemos creado.

El señor Trump nos está permitiendo a los inmigrantes activarnos después de un largo e incómodo sueño de eterna amenaza (Paisa, es muy incómodo vivir siempre presionado, o como decían las abuelitas, "con la chancla en el pescuezo"). A partir de hoy tomemos responsabilidad de que nuestra vida puede cambiar de manera radical, si hacemos unos pequeños ajustes a nuestra forma de pensar y paradigma, y para hacerlo debemos de iniciar por tener muy claro lo que estamos pensando.

Así que por ahora sólo nos resta decirle al señor Presidente de los Estados Unidos de América: "¡Muchas gracias, señor!".

11

¿Qué dice la Biblia acerca de estas situaciones?

La Biblia, el Corán, la Torá, el Bhagavad Gita y todos los libros sagrados que desde nuestros primeros años de vida se nos mencionan, están llenos de pasajes y enseñanzas encaminadas a despertar a las personas sobre cómo usar su poder interior (sus factores intelectuales) para lograr lo que se quiera, o su equivalente, respetando los derechos de los demás. El contenido de estos libros milenarios son pasajes metafísicos (que van más allá del mundo perceptible por los cinco sentidos, lo que veo, oigo, huelo, toco o degusto) y cuando se leen y entienden con mente abierta y teniendo quien te guíe y explique acertadamente su contenido, nos despiertan sobre lo generoso y claro que ha sido Dios, el gran creador, al hacernos como lo dicen las sagradas escrituras, "a su imagen y semejanza", y alguien que está hecho "a imagen y semejanza del creador" es alguien que necesariamente está aquí para seguir creando después de la propia creación de Dios.

Y ese alguien eres tú, Paisa, el inmigrante en Estados Unidos o en cualquier parte del planeta que ahora despierta y comienza a estar consciente de que puede crear sus propios resultados, la situación migratoria ideal, la independencia financiera, la unidad familiar, el trabajo anhelado, la casa y las vacaciones siempre soñadas. Como dice Eckhart Tolle, "es aquí y ahora", no mañana o cuando se mejore "mi situación". No invoquemos excusas, comencemos a transformar nuestra vida de inmediato, puede ser con el respaldo de la religión, y si no quieres acudir a ella, pásate al siguiente capítulo para escuchar la opinión de la ciencia, que en términos generales y sin buscar polemizar, es prácticamente lo mismo.

Siguiendo con nuestro tema, es conveniente señalar que los autores más reconocidos en cuestiones de crecimiento personal siempre tienen los pasajes de los libros sagrados como referencia para dar credibilidad "dogmática" a esta información. Ve haciendo tu lista de los "grandes de los grandes" que nos han enseñado mucho del funcionamiento del poderoso proceso creativo: Jesús de Nazaret, los Evangelistas, el Rey Salomón y Moisés. Ya en nuestra época moderna, Napoleón Hill, James Allen, Wallace D. Wattles, Neville Goddard, Charles Hannel, Genevieve Behrend,

Lloyd Conant, Earl Nightingale o autores con aportaciones en los últimos 30 años como Bob Proctor, Rhonda Byrne, Sandy Gallagher, Tony Robbins, Robin Sharma, Louise Hay, Jack Canfield, Mark Victor Hansen, John Maxwell, Zig Ziglar, Dalai Lama, Peggy McColl, John Demartini, Deepak Chopra o Mary Morrissey, solo por citar a algunos de los más conocidos y respetados.

Aquí te presentamos, solo para ilustrar, algunas de las más emblemáticas oraciones o afirmaciones metafísicas del proceso creativo contenidas en la Biblia, las que fundamentan cómo Dios y el proceso creativo operan por ley, son justos, no distinguen categorías humanas y tratan por igual a todos. La única exigencia, como nos lo dice Raymond Holliwell en su extraordinaria obra, es que se respete lo ya ordenado en ellas:

- *Para fundamentar que somos lo que pensamos:*
"Como el hombre piensa en su corazón, así es él" (*Proverbios* 23:7), y "Dios hizo la tierra y los cielos y cada planta en el campo antes de que estuvieran en la tierra, y cada hierba antes de que creciera" (*Génesis* 2:4-5).

- *Para fundamentar que somos creadores por nacimiento:*
"Y dijo Dios: Hagamos al hombre a nuestra imagen, conforme a nuestra semejanza; y ejerza dominio... sobre toda la tierra" (*Génesis* 1:26).

- Para fundamentar que todo lo podemos lograr, y más:
"En verdad les digo, el que cree en mí, las obras que yo hago él también las hará, y mayores que estas hará" (Juan 14:12).

- *Para fundamentar la ley de causa y efecto:*
"Porque a todo el que tiene más, más se le dará, y tendrá en abundancia; pero al que no tiene, aun lo que tiene, se le quitará" (Mateo 25:29); "Pide y se te dará, busca y encontrarás, llama y se te abrirá, porque todo aquel que pide, recibe y el que busca, encuentra y al que llama, se le abre..." (Lucas 7:7-8); "No juzgues y no serás juzgado; no condenes y no serás condenado; perdona y serás perdonado" (Lucas 6:37); "Cree que has recibido y recibirás" (Marcos 11:24), y "Todo lo que el hombre siembre, eso también cosechará" (Gálatas 6:7).

- *Para fundamentar la ley de la compensación:*
"Den y les será dado, medida buena... porque con la medida con que midan se les volverá a medir" (Lucas 6:38).

• *Para fundamentar que todos estamos regidos por la misma ley de Dios o del proceso creativo:*
"Que todo lo que respire alabe al Señor. Alabado seas, Señor" (Salmo 150).

• *Para fundamentar la ley de la no-resistencia (y dejar fluir libre y fácil):*
"Pero yo te lo digo; no resistas al que es malo" (Mateo 5:39).

• *Para fundamentar la importancia de estudiar esta sabiduría:*
"Porque estrecha es la puerta y angosto el camino que lleva hacia la vida, y pocos son los que la hallan" (Mateo 7:14).

• *Para fundamentar que trabajar con obediencia con Dios o el proceso creativo, siempre paga:*
"Obedezcan mi voz, y yo seré su Dios y ustedes serán mi pueblo" (Jeremías 7:23).

Bien lo ha dicho Neville al hablar de los poderes de la imaginación en sus excelentes y profundos libros sobre este despertar y proceso creativo: "Las escrituras bíblicas no son hechos históricos, sino un proyecto metafísico para darnos cuenta de todas estas poderosas facultades que existen en nosotros", y continúa diciendo a manera de reto a los antiguos modelos doctrinales: "Dios (el creador), no es otra cosa más que la facultad de imaginación que usan las personas para crear... por lo que cada uno de nosotros somos un potencial Cristo que lo único que necesita es estar consciente de las habilidades creativas con las que cuenta desde su nacimiento... por lo que este mundo que fue creado con pensamientos y emociones puede ser cambiado cuando comprendamos cómo usar los estados mentales y emocionales que lo crearon".

¡Guau! Pues entonces, ¡a cambiar lo que estamos pensando! Pensemos en lo que sí queremos y en todas las razones por las que sí lo vamos a lograr.

12

¿Qué dice la ciencia acerca de estas situaciones?

La ciencia suele tomar con más sencillez y sentido práctico todo lo relativo al proceso creativo. Existen, según el portal de internet "Ley de la atracción positiva" algunas comprobaciones científicas que explican cómo la mente humana suele influir en los resultados del mundo que nos rodea. Suelen venir de la física cuántica, que estudia la unidad mínima del todo: La energía, y hablar de ella no significa estar necesariamente en un movimiento espiritual o de New Age, es sólo hablar de lo que no podemos negar, *todo lo que nos rodea es energía* y todo está hecho de energía (nuestra vida en todos los aspectos: situación económica, nuestro cuerpo y salud y en general todo nuestro entorno) y cómo según las más respetadas opiniones, incluso ganadores de premios Nobel, nos dicen que "la energía ni se crea ni se destruye, solamente se transforma". Pues es momento de comenzar a entender, mi querido Paisa, desde este muy sencillo punto de vista, cómo puedo transformar mi situación económica, cuerpo, salud y entorno utilizando una serie de sencillas indicaciones.

Algunos de los más importantes exponentes del entendimiento de lo que un pensamiento, una emoción y una acción combinada pueden hacer para cambiar nuestros resultados son los científicos, líderes o inventores Isaac Newton, Tomas Alva Edison, Henry Ford, Alejandro Graham Bell, W. Clement Stone, Andrew Carnegie, Ralph Waldo Emerson, Carl Jung, Wiston Churchill, Martin Luther King Jr., Albert Einstein, Steve Jobs, Bob Proctor, Bill Gates o Mark Zuckenberg. Todos ellos, desde muy diferentes ópticas, ven al mundo a su manera y desde su ubicación en el universo, y tal vez en muchas cosas no se ponen de acuerdo, pero en esto sí coinciden: "Somos lo que pensamos", y, según la ciencia, todo es energía, incluyendo nuestros pensamientos.

La energía vibra a diferentes velocidades dependiendo de la forma que tenga (un objeto sólido, líquido o gaseoso, o bien un pensamiento, circunstancia o emoción). Esto se puede medir y observar con herramientas científicas especiales, entonces todo tiene una vibración, y de lo que se trata es de que con las ideas, pensamientos e imágenes que cada uno de nosotros podemos tener, generemos una vibración de energía igual a lo que queremos obtener (un estado de salud, pareja, dinero o situación particular), y la forma de lograr esa vibración, es pensar precisamente en lo que queremos (al decir "pensar" nos referimos a crear una imagen de "ese algo" en nuestra mente).

Conclusión 1

La ciencia dice que si logras tener un pensamiento, idea o imagen de lo que *sí* quieres, entonces te pones en el camino de estar en la vibración de lo que *sí* quieres y lo atraes (ley de la atracción), y ya sólo es cuestión de actuar sobre la idea o imagen y esperar un periodo determinado de tiempo para empezar a verle la forma a lo que ya sólo es cuestión de tiempo para que recibas en el aspecto físico.

Conclusión 2

La religión y la ciencia son las únicas dos formas reales que tenemos para interpretar este tema. Aquí te presentamos algunos ya muy conocidos puntos de coincidencia:

- Verdad 1 en religión: "Dios está presente en todo tiempo y en todo lugar" (así lo decretan, con distintas narraciones, al menos 42 versículos de la Biblia).

- Verdad 1 en la ciencia: "Todo es energía".

- Verdad 2 en religión: "En el principio creó Dios los cielos y la tierra, y la tierra estaba desordenada y vacía [...] Entonces el Señor dijo descendamos: y descendieron en el principio, y ellos, esto es, los Dioses, organizaron y formaron los cielos y la tierra [...] Y ellos dijeron, haya luz y hubo luz [...] De modo que los Dioses descendieron para crear al hombre a su propia imagen, para formarlo a imagen de los Dioses..." (Génesis 1:1 y Abraham 4:1, 3 y 27).

- Verdad 2 en la ciencia: "La energía ni se crea ni se destruye, solamente se transforma".

13

¿Por qué me dijeron tantas mentiras en mi casa, en la escuela y en mis grupos de amigos?

Desde que nacimos nos programaron y formaron con una serie de aspectos que no son ciertos, sin embargo se arraigaron tanto en nosotros que se convirtieron en parte del motor de nuestra vida. De una cosa sí estoy completamente seguro: quienes nos programaron así no lo hicieron para dañarnos, al contrario, lo hicieron por amor... y desafortunadamente por ignorancia. En la mayoría de los casos fueron nuestros padres, abuelos, maestros, grupos de amigos y jefes en el trabajo, y lo hicieron porque eso es lo que precisamente les enseñaron a ellos sus padres, abuelos, maestros, grupos de amigos y compañeros de trabajo. Fue una especie de espiral de la ignorancia compartida en múltiples ocasiones por generaciones, y que llegaron a nosotros por simple descendencia, herencia o circunstancia. No importa cómo llegaron, lo que importa es que moldearon una parte muy importante de nuestra vida hasta hoy, y que estamos en el momento y la posición perfecta para que modifiquemos esas ideas y comencemos una nueva vida.

Aquí al menos diez mentirillas poderosas que a muchos de nosotros nos internalizaron como idea hasta convertirlas en hábitos:

"Solamente los que tienen muchos estudios tienen éxito".

"Si no trabajas duro y de sol a sol, nunca serás rico".

"Pobre pero honrado".

"La pobreza es una virtud".

"Dios castiga a los niños que se portan mal".

"Escribe cien veces en el pizarrón 'no vuelvo a llegar tarde', para que nunca vuelvas a llegar tarde".

"Hay que ser realista, ¡no seas soñador!".

"No te arriesgues, hijo".

"Busca la estabilidad en tu trabajo".

"La gente rica es mala".

¿Qué hago entonces?

La respuesta es dejar en el pasado esas mentiras piadosas pero muy dañinas y comenzar a actuar con la nueva conciencia de lo ya dicho, y entender que *cada uno de nosotros podemos crear nuestros propios resultados,* economía, entorno de relaciones amistosas y familiares, resultados en el trabajo, diversión e incluso la independencia en todos los sentidos.

¿Con qué apoyo cuento?

Con el de los seis super poderes con los que gratuitamente fuiste dotado al nacer (tal vez y precisamente por lo gratuito, no les damos el verdadero valor que tienen): Ellos son tu mente creativa, y con ella, la memoria, la razón, la perspectiva, la imaginación, la voluntad/ concentración y la intuición. ¡Ya estamos cerca de decirte cómo ponerlas en práctica!

14

Tip 1:
¡Fija una meta ya!

¿Tienes una meta? De tenerla, ¿la tienes por escrito y bien detallada? O tal vez, ¿crees que no sabes exactamente que quieres? Pues bien, mi querido Paisa, estamos aquí para decirte que sí sabes lo que quieres, aunque tal vez crees que no sabes. No te preocupes, aquí te vamos a enseñar a que sepas que efectivamente sí sabes.

Todos los seres humanos somos seres espirituales en permanente búsqueda de expansión, esto es, de crecer como individuos y de ser más cada día. ¿Más que? Pues más ricos, más sanos, más felices, más queridos por los que nos rodean, más productivos y, en general, más abundantes y felices. Así pues, una persona que no está en esta inercia es alguien que está "stuck", expresión muy usada por mi mentor Bob Proctor y que significa no estar anclado o no avanzando en tu vida, o lo que es lo mismo, estar retrocediendo.

De manera clara y sin rodeos te lo decimos: Una persona que no avanza es porque no tiene metas, objetivos, dirección, y con frecuencia no sabe hacia dónde se dirige su vida cada mañana al levantarse. Esto sucede porque el paradigma mental nos ha llevado a un momento de nuestra vida en el que se ha convertido en un hábito no tener aspiraciones y deseos que nos hagan levantarnos emocionado antes de que amanezca. Sin embargo, esto es algo que en el momento en el que lo entiendes y lo recibes abierto en tu conciencia, lo puedes revertir. Por lo tanto clarifica esto en tu mente: *Las metas son para crecer y su consecuencia es obtener algo.*

¿A qué aspiras, Paisano? ¿A ganar más dinero para resolver todos tus pendientes? ¿A ser rico? ¿A traerte a tu familia a los Estados Unidos? ¿A regresarte a tu país? ¿Quieres regresar rico a tu país o igual que como llegaste a USA? ¿Quieres tu visa de trabajo o tu residencia? ¿Aspiras a tener la tranquilidad de que la autoridad migratoria es tu aliada y no tu enemiga? ¿Buscas convertirte en un inmigrante respetado, reconocido y querido por la comunidad en la que vives? ¿Deseas una casa o rancho? ¿Un mejor trabajo? ¿Aspiras a mejorar la relación con tus hijos o a tener una pareja estable? ¿A tener más tiempo para hacer lo que más te gusta? ¿A viajar? ¿Adelgazar?

Comienza por escribir en un cuaderno o diario todo lo que harías si el dinero y el tiempo en tu vida no fueran un obstáculo. En otras palabras, escribe en este primer ejercicio todo lo que más amas hacer, lo que te hace perder la noción del tiempo al hacerlo y pudieras estar haciendo por el resto de la semana, mes o año. Debes saber que este es sólo un pequeño entrenamiento inicial para que te regales a ti mismo la oportunidad de conocerte mucho más, y ya a partir del último tercio de nuestro libro te pondremos en acción permanente (requisito obligado para que las cosas sucedan y logres tener en tus manos lo que ves en tu mente).

Entonces, si el miedo, tiempo y dinero no fueran un obstáculo, ¿qué sería lo que más te gustaría hacer? ¿Cuál sería el objetivo/meta que te movería cada mañana? Como dice Bob, haz una lista de la compra (como la que haces cuando vas al supermercado) con todos los detalles de lo que *sí* quieres y no dándole ninguna importancia a lo que *no* quieres o al "¿cómo habría de suceder?". Sólo sueña, vuelve a soñar y sigue soñando. Neville nos dice que soñando (visualizando con nuestra imaginación) es como verdaderamente nos convertimos a imagen y semejanza de nuestro creador, esto es, nos ponemos a crear con el poder de Dios. Estar en la ruta de crear algo es tener una meta.

15

Tip 2:
¿Cómo empiezo a hacer
lo que ya sé que debo de hacer?

Dice Napoleón Hill que uno de los grandes motivos por el que las masas rara vez logran una gran meta es el de nunca encontrar el momento y la circunstancia adecuada para el primer paso. Los más frecuentes fracasos suceden entre el paso 0 y el paso 1, o sea, nunca se da el primer paso ni sucede nada. ¿Por qué? Porque el *paradigma* del que ya hemos hablado, ese que es responsable de nuestros resultados en la vida y que controla todo lo que nos pasa, nos está presionando y obligando a que nos quedemos en donde estamos, esto es, en la zona de confort. Partamos del principio de que el paradigma está haciendo el trabajo para el cual fue creado: Protegernos, blindarnos y no dejarnos arriesgar nada. Sin embargo, ese blindaje no va acorde con nuestra esencia de seres humanos de permanentemente estar en crecimiento como personas.

Un error común es querer cambiar mis resultados (por ejemplo mi situación migratoria, financiera o familiar) a partir de cambiar mi conducta (por ejemplo, insistir más, esconderme, tener tres trabajos o "intentar ya no tomar alcohol los fines de semana"), ya que en estos casos el cambio sólo es temporal.

Si eres honesto y reconoces abiertamente el poder del paradigma, y que todo lo que te está sucediendo es el resultado de las ideas y pensamientos que tienes ahí almacenados, entonces ahí es donde comienza tu despertar, reconoces tu programación y da inicio el cambio. Cuando modifico esa parte de mi paradigma con la que no estoy de acuerdo (por ejemplo, no estar al lado de mi familia por ser migrante) entonces cambia mi conducta y cambian mis resultados. Por lo tanto, lo que te queremos decir es que el que pone en frecuencia su meta con su paradigma será el que logre todo lo que quiere, sin importar la situación, el lugar y el momento en que se encuentre.

Siempre estás en el momento adecuado, y si no lo crees mira esta poderosa frase de George Bernard Shaw que Earl Nightingale menciona en su libro El secreto más raro: "Yo no creo en las circunstancias. Las personas que la hacen en grande en la vida son aquellas que al levantarse por la mañana busca las circunstancias perfectas, y si no las encuentran las crean".

Tú eres el responsable de lo que hoy te pasa, de la vida que estás viviendo en este país y del trato que has recibido, ya que si partimos del principio universal y bíblico que dice "Somos lo que pensamos", entonces hoy eres lo que pensaste y guardaste en tu paradigma mental en el pasado. Pero la mejor de las noticias es que tu futuro, lo que te sucederá mañana, puede ser modificado y mejorado en este preciso momento y lugar, solo siguiendo estas sencillas instrucciones que te estamos compartiendo.

¿Qué tal si comenzamos por imaginarte como el migrante que sí está viviendo el sueño americano de ser millonario, feliz y sano? ¿Qué tal si comenzamos a imaginarte como el gran orgullo de tu pueblo, estado y país porque sí la supiste hacer en grande? ¿Qué tal si comenzamos a imaginar todo lo bueno que vas a hacer con todo el dinero que vas a comenzar a ganar a partir de hacer unas pequeñas modificaciones en tu pensamiento? Y aquí van las preguntas finales más poderosas, partiendo de que damos por sentado que estás en armonía con estas ideas: ¿Qué tipo de vida es la que quieres vivir a partir de hoy? ¿En qué lugar? ¿En qué tipo de casa? ¿Con quién? ¿Qué vehículo conduces? ¿Qué es lo que más amas hacer y a lo que hoy te dedicas? ¿Cómo está tu salud? ¿Cuántos millones de dólares estás ganando anualmente para empatar este nivel de vida que ahora imaginas?

¡Escribe todas tus ideas y respuestas a estas preguntas, porque en las próximas lecciones las vamos a utilizar!

Conclusión

Hoy estás en el momento y el lugar adecuado para cambiar radicalmente los resultados que estás obteniendo, pero comienza hoy, en este momento, ahí en donde estás ahora parado, sentado o acostado leyendo esto. Paisa, da tu primer paso hoy, y si te da miedo, hazlo con miedo. Escucha tu voz interior, ella te irá diciendo cómo irte conduciendo, y a partir de hoy valora la posibilidad de buscar algún coach especializado en crecimiento personal que te guíe y ayude a aplicar en tu vida toda esta sabiduría que te estamos develando. Mi guía y coach de siempre ha sido Bob Proctor, y él en alguna ocasión me dijo que no conoce a nadie que haya logrado algo muy grande sin haber sido dirigido por un buen mentor. Invertir en ti es lo más inteligente y valiente que puede existir para lograr que las cosas sucedan. ¡Hazlo!

16

Tip 3:
En mi primera comunión
me dijeron que estaba hecho a imagen y
semejanza del creador... pero no entendí

En capítulos anteriores hemos sido muy solidarios con esta maravillosa máxima de la Biblia, que en repetidas ocasiones nos habla del poder infinito con el que contamos en nuestro interior al decirnos que fuimos hechos con las mismas habilidades creativas de quien todo hizo. ¿Por qué entonces ser pobre si puedo crear como el creador? ¿Por qué entonces estarme escondiendo de la Migra o trabajando en lo que no me gusta, si puedo regularizar mi situación y crear la ocupación de lo que más amo hacer? ¿Por qué entonces estarnos cortando todos los días las venas culpando a los gobiernos de nuestros países, sus economías y hasta al vecino que no nos quiso cuidar a los niños el jueves en la noche? La respuesta es muy sencilla: Por ignorancia de este proceso creativo que está dentro de nosotros, y que cuando lo entendemos, todo nos da.

¿Cómo crees que una figura sin trayectoria en el servicio público como don Donald llegó al gobierno de Estados Unidos desplazando a todos los políticos experimentados de Washington? ¿Cómo crees que Macron ganó las presidenciales de Francia contra toda la tradición política de aquel país en cuanto a los méritos para el ascenso en la política? ¿Cómo crees que las familias Clinton, Kirchner, Chávez, Kennedy, Ortega, Fujimori o Bush se han podido mantener influyendo en las grandes decisiones desde el poder? La respuesta es muy sencilla: Primero en la intimidad lo pensaron, luego lo creyeron, después actuaron sobre su "loca idea que nadie creía", luego esto cambió su conducta y cambiaron los resultados, y no sólo los de ellos, sino los de una buena parte de la civilización contemporánea.

Te ejemplifico con política para que veas el grado de impacto, para bien o para mal, que un pensamiento bien sembrado puede generar en millones de personas. ¿Estarían conscientes don Donald y don Macron de la existencia de este proceso creativo? No lo sabemos, pero de lo que sí estamos seguros es de que esto funciona, lo sepas o no. El poder de crear lo que queremos es un poder que se nos dotó desde nuestro nacimiento, y como ni la familia, trabajo o escuela suelen enseñarlo, termina siendo muy pequeño el número de personas que lo conocemos y usamos a nuestro favor.

Vamos al grano, Paisa, si estás listo para hacer un gran cambio en tu vida y los resultados que estás obteniendo no te satisfacen, es hora de entrar en acción para crearlos a tu gusto y manera. Recuerda que el paradigma que controla todos tus resultados, usa la lógica del momento, nos mantiene atados a la lógica del "ahora". Sin embargo, cambiar un paradigma es también cambiar la lógica con la que las masas ven al mundo, por eso de entrada te lo digo, pocos te van a entender cuando arranques con esto, sin embargo, *te aseguro que funcionará* si haces todo lo que aquí te hemos venido diciendo. Funciona por ley.

¿Cómo cambio mi paradigma utilizando mis facultades de creador que me dijeron en mi primera comunión?

Primero, acepta totalmente esta idea:

El paradigma controla todo nuestro comportamiento y nuestro comportamiento produce nuestros resultados.

Entonces pregúntate: ¿Qué es lo que no te gusta en tu vida? ¿Con qué resultados no estás feliz?

Ejercicio

1) Escribe con claridad y en pocas palabras un aspecto central de tus resultados con los que no estés feliz, a lo que llamaremos "versión negativa" (por ejemplo, tu ingreso económico, tu situación migratoria, la relación con tu pareja, los recurrentes resfríos de cada cuatro meses, etc.).

2) Ahora escribe exactamente lo contrario a lo que escribiste, basado en la ley de que todo en la vida tiene un opuesto, a lo que llamaremos "versión positiva" (para todo arriba hay un abajo y para todo afuera siempre hay un adentro).

3) Quema o tritura el papel o tarjetas con la versión negativa.

4) Escribe diez veces al despertar por la mañana y diez veces antes de irte a dormir por la noche la versión positiva de tu paradigma.

5) Graba la versión positiva de tu paradigma en tu teléfono móvil y escúchala tantas veces como puedas durante el día.

6) Carga contigo a lo largo de todo el día, escrita en una tarjeta de cartoncillo o pieza de papel, la versión positiva de tu paradigma (para que todo el día pienses en él... ya que somos lo que pensamos).

Ejemplo de la descripción negativa y luego convertida a positiva por la Ley de los Polos Opuestos:

1) *Lo que no quiero:* "Lo que gano en mi trabajo es tan poco que ni siquiera me alcanza para poder pagar las cosas más básicas de mi familia y apenas alcanza para sobrevivir".

2) *Lo que quiero (aplicando la Ley de los Polos Opuestos):* "Lo que gano haciendo lo que más me gusta es mucho y puedo pagar todo lo que mi familia necesita. Estoy viviendo la vida de mis sueños".

Otro ejemplo:

1) *Lo que no quiero:* "Tengo mucho miedo que las amenazas del gobierno americano se vayan a hacer realidad, y me vayan a correr de mi trabajo y a deportar en los próximos días. Voy a ser la vergüenza de mi familia cuando regrese expulsado y sin nada".

2) *Lo que quiero (aplicando la Ley de los Polos Opuestos):* "Tengo plena fe en que ya están listos mis papeles migratorios, estoy al frente de mi empresa haciendo lo que más me gusta y ahora mi familia me reconoce como un triunfador por todo lo que he logrado".

Concepto clave: Es la repetición de la idea la que cambia el paradigma (leer, escribir, oír o imaginar muchas veces algo). Si crees que el cambio va a suceder solamente porque ya sabes que existe esto, ¡olvídalo! Eso jamás sucederá.

17

Tip 4:
¿Existen los genios en la comunidad Latina?

Cada migrante que existe en el mundo es un super genio, un creador innato con un potencial interior infinito que todo lo puede lograr. El problema es que casi ninguno de los cientos de millones que migramos en el mundo cada año tenemos conciencia de este super poder interior que radica en nuestra mente. Los Latinos, en general, estamos programados desde hace generaciones para entendernos y aceptarnos pobres y con carencias, ¡y lo que es peor, aceptar que otros son superiores o más talentosos que nosotros! ¿Quién nos programó así? Serían muchos los factores que ni un compendio de desarrollo histórico de las Américas alcanzaría a explicarlos, sin embargo, para los efectos de este libro de autoayuda, lo que te queremos compartir es que "haya sido como haya sido", *hoy y ahora* estás en condiciones de comenzar a vivir de una manera diferente y a esculpir tu nuevo futuro. Recordemos a Emerson: "Somos lo que pensamos", así que comencemos haciéndonos las siguientes preguntas: ¿En qué pensamos, en lo que queremos o en lo que no queremos? ¿En riqueza y abundancia o en miseria y pobreza? ¿En vivir la vida de mis sueños o en resignarme a vivir la que me tocó?

Recuerda, mi Paisa, que la escuela nos dio mucha información muy valiosa pero nunca nos enseñó quiénes somos, nunca nos enseñó a ganar dinero. Cualquier colega migrante podrá ser doctor en Economía y a la vez, ¡estar financieramente quebrado! Por lo tanto, y al menos para efectos de lo que estamos comentando, es un sabio el que tiene la información para poder tomar una decisión, entender el miedo y las ventajas de salirse de su zona de confort. Es sabio el que entiende a Nightingale y a Hill cuando se refieren al cobarde como conformista o a la mente como la fuerza más poderosa y milagrosa que se haya conocido.

Pero para poder entender el poder de tu mente necesitas tener una imagen de ella, ya que nadie la ha visto nunca, y nuestro proceso de pensamientos es a través de imágenes. Sí, todos los seres humanos somos lo que pensamos, y pensamos en imágenes. ¿Ves entonces qué importante es tener una imagen de esa herramienta, que si la aprendo a usar, todo me da? En el capítulo de "El dibujo que me cambió la vida" te daremos una sencilla imagen de la mente que te cambiará por completo la vida, se llama *Stickperson* y fue diseñada por un genio, el doctor Thurman Fleet.

La mente no está solo en nuestra cabeza, está en cada parte de nosotros (igual que Dios). Todo es mente en nosotros, y enfocándonos en la ciencia, estamos hechos de energía, por lo tanto también todo es energía. Esa energía que fluye por y a través de nosotros es la que podemos tomar con nuestra maravillosa mente y convertirla en lo que queremos: en dinero, en bienes, en viajes, en situaciones, en estados de salud o en abundancia en cualquier sentido. Esa energía ingresa y sale de ti todo el tiempo, y la utilizamos para pensar. Y al "ser lo que pensamos" entonces podemos concluir que si pensamos con el poder que nos da la energía, y somos lo que pensamos, entonces esa energía que existe en todos lados es la que utilizamos para crear lo que queramos.

¿Cómo convierto la energía en lo que quiero? ¡Con el *Genio* que llevas dentro!

Debes liberarlo para que haga estas transformaciones de lo que no quieres en lo que sí quieres. Ese Genio opera a través de las herramientas que ya hemos mencionado: la razón (para pensar), la memoria (para recordar), la perspectiva (para crear el punto de vista que sí queremos), la imaginación (para crear la visualización o "fotografía mental" de lo que sí quiero cuando estoy pensando), la concentración (para sostener a voluntad la imagen de lo que sí quiero en mi mente) y la maravillosa intuición (para recibir "corazonadas" y "presentimientos" de cómo debo de actuar y comportarme en mis acciones para lograr lo que quiero).

Todos somos genios. Es sólo cuestión de que estemos conscientes de ello.

Este es el proceso creativo:

A reserva de que haremos algunos ejercicios más adelante, ponle mucha atención y repásalo repetidamente, porque aquí radica la clave de todos los resultados buenos y malos que has logrado en el pasado, que tienes hoy y que habrás de conseguir a partir de hoy:

1) Energía fluyendo: Hay un poder superior que fluye permanentemente hacia ti, entra a ti y sale de ti, se llama "energía" y Bob Proctor le llama "espíritu puro e inalterado".

2) Sueños e ideas: Tus ideas y sueños que creas en tu mente consciente están hechos de esta energía.

3) Emocionarte con tus ideas: Esos sueños e ideas, si los imprimes correctamente en tu mente subconsciente (donde radica tu paradigma), te generan emociones (a esto se le llama "involucrarse emocionalmente con tu sueño").

4) Cuerpo cambiando su vibración: Estas emociones se expresan en tu cuerpo cambiando la vibración en la que te encuentras.

5) Nuevas acciones: Cuando en tu cuerpo cambia la vibración, cambian también tus acciones.

6) Nuevos resultados: Cuando tus acciones y conductas cambian, el universo reacciona por ley y te da resultados diferentes.

A partir de hoy, cada vez que no te sientas bien, deberás de saber que estás involucrado con la *emoción* incorrecta. Por lo tanto, *si no* estás recibiendo los resultados que requieres, pregúntate lo siguiente: ¿Cómo me estoy comportando? ¿Qué estoy pensando? ¿En qué me estoy enganchando emocionalmente? Siempre podrás saber lo que te está pasando por dentro, observando lo que te está sucediendo afuera.

18

Tip 5:
Man! ¡Tengo unas herramientas pa' triunfar que ni siquiera sabía que tenía!

Así es, mi querido Paisa, ya lo hemos mencionado, son la razón, la *memoria*, la *perspectiva*, la *imaginación*, la *voluntad/concentración* y la *intuición*. Son tus seis super poderes, naciste con ellos y es muy posible que no los hayas usado lo suficiente. Así nos pasó a aproximadamente 99 de cada 100 personas que habitamos en el mundo y posiblemente a 9,999 de cada 10,000 migrantes, de lo contrario posiblemente no hubiéramos migrado, al menos en las condiciones que lo hicimos. Tus seis super poderes son como tus músculos, si los ejercitas se desarrollan y son de gran utilidad, pero si no, se atrofian, se aburren, ahí se quedan esperando a que alguien los utilice y se ponga a crear con ellos. Sin embargo, la mala noticia es que con mucha frecuencia al no utilizarlos conscientemente a tu favor, de manera inconsciente las comienzas a utilizar en tu contra.

Cuando escuchamos las noticias sobre los planes de Trump, comenzamos a imaginar todo lo que nos puede pasar (aunque no nos haya pasado ni nos vaya a pasar), comenzamos a *razonar con ideas* todo lo que nos va a suceder en el trabajo y con nuestros ingresos (aunque no nos haya sucedido aún nada en particular) y comenzamos a *verle el lado más pesimista* a la situación de cambio de políticas migratorias en los Llunaites.

Qué tal si ahora que ya somos conscientes de que *somos lo que pensamos*, mejor cambiamos la situación que nos angustia y la convertimos en lo contrario (lo que sí queremos) haciendo uso de nuestro poder de *perspectiva*, luego con nuestra razón y memoria comenzamos a pensar en todos los motivos por las que sí me va a ir bien y luego entra en acción mi *imaginación* para crear la fotografía perfecta en mi mente de todo lo bueno que quiero que me suceda a mí y a mi familia a partir de este momento, sostengo esa imagen a *voluntad* en *concentración* y escucho con mucho respeto a mi *intuición* (corazonadas) para que me guíe sobre los pasos que debo de dar. ¿Verdad que suena ilógico? ¡Claro! Suena ilógico para nuestro paradigma, para la vieja idea programada en nuestra mente de que "todo va a salir mal". ¡Vamos! Hasta la super negativa Ley de Murphy nos enseñaron a tener en cuenta, ¡pero no nos enseñaron a entender y cambiar nuestros paradigmas! Lo que aquí te acabo de compartir, si regresas y lo lees varias veces hasta que se internalice en ti, puede ser una de las ideas más importantes jamás incorporadas a tu vida.

Repasemos nuestras maravillosas 6 herramientas creativas que nos hacen "a imagen y semejanza de nuestro creador":

- Razón: Es la herramienta que nos ayuda a convertir la energía en pensamientos positivos o negativos. Es la que nos permite aceptar ideas de afuera de nosotros (algo que escuchamos o vemos con nuestros cinco sentidos) pero también rechazarlas. Está a nuestras órdenes, pero tenemos que hacérselo saber.

- Memoria: Es nuestro centro de almacenamiento de todo lo que nos enseñó la escuela, nuestra experiencia de vida y todo lo que en general hemos aprendido en nuestros años por este mundo. Todos tenemos extraordinaria memoria, siempre y cuando la ejercitemos. Ella nos ayuda a sacar del cajón ideas, imágenes y experiencias pasadas para fusionarlas y construir algo nuevo con nuestras otras facultades.

- Perspectiva: Es nuestro punto de vista. Es la herramienta que nos permite ver todo lo bueno o todo lo malo que tiene una circunstancia a la que nos enfrentamos. Opera a partir de una maravillosa e invisible ley que dice que todo tiene un lado opuesto: para todo arriba hay un abajo, para todo adentro hay un afuera, para todo lo malo hay algo bueno. ¿Qué perspectiva le das tú a lo que te sucede?

- Imaginación: Ponle atención a esto, Paisa, el que entiende esto, entiende todo. Usar esta herramienta con precisión es *el gran secreto del éxito*. El que logra visualizar su deseo más ardiente (la gran meta que ya presentamos en el capítulo 14) y lo fusiona con sus emociones, es un hecho que lo hará realidad. La imaginación es la facultad superior que activa la muy famosa Ley de la Atracción.

- Concentración/Voluntad: Es la herramienta que me da la posibilidad de sostener voluntariamente en la pantalla de mi mente la imagen que he creado a través de mis ideas, sueños y pensamientos.

- Intuición: Es el sirviente más extraordinario jamás creado. Es una herramienta que te permite recoger las respuestas que tu creador te envía para que, como él, logres crear. Bien lo comparte mi mentor Bob Proctor cuando en su seminario "In to your Genious" dice:

"Cuando rezas le estás pidiendo a Dios lo que quieres y te contesta con la intuición". Es el destello de sabiduría inexplicable (es diferente a la razón) que te guía, te responde y te dice día a día qué pasos dar para lograr llegar a tu meta. Como bien lo mencionó mi amigo y coach Doug Dane, "el proceso creativo se vive un día a la vez y la intuición te indica, cuando la sabes escuchar, lo que debes hacer en ese periodo de 24 horas (...) lo que harás mañana posiblemente se te develará mañana". ¿Y cómo aprendo a escucharla? Como a tus músculos del cuerpo, ¡entrenándola!

Estas herramientas son la mejor ruta para controlarte a ti mismo, para despertar a la sabiduría milenaria, para tener todas las respuestas y saber por dónde caminar y entender que el éxito no es un secreto, sino un proceso que, cuando lo ejecutas, vuelve predecible lo que va a suceder.

Una de las frases que mejor describe a Proctor es: "Si me dices lo que quieres, yo te puedo enseñar cómo obtenerlo", y no es que sea mago, lo que sucede es que el proceso de obtener lo que quieres no es capricho de nadie ni exclusividad de uno, opera por ley, por leyes invisibles que aquí te hemos venido develando y que, cuando las juntas y utilizas, siempre funcionan. Recuerda, el proceso creativo es un proceso de resultados siempre previsibles. Toma consciencia de ello.

19

Tip 6:
Ándale, Paisano! Es la hora de vivir tu vida, no la de otros

Tu vida está diseñada por Dios, la Naturaleza y el Proceso Creativo para ser la película en la que tú eres la estrella principal: la heroína o héroe que siempre gana, el príncipe azul que siempre conquista a la princesa, la cazadora que siempre domina a la bestia, el ganador o ganadora indiscutible. Sin embargo, Paisa, ¿por qué no es así? ¿Por qué las adolescentes de secundaria y prepa se embarazan aunque no querían embarazarse? ¿Por qué nos vamos de nuestro país aunque no nos queríamos ir? ¿Por qué no ganamos todo el dinero que necesitamos aunque sí lo queramos ganar y aunque trabajemos tan duro? ¿Por qué no nos podemos regularizar ante la Migra si ya lo hemos intentado y cada vez nos humillan más? Hay dos tipos de respuestas: la de los que no conocen esta sabiduría que te hemos compartido y la de los que, como tú, ya no tienen pretextos para sentirse víctimas de las circunstancias, porque a estas alturas ya sabes que cada uno de nosotros creamos nuestros propios resultados (lo queramos, sepamos o aceptemos o no).

Los que no saben de esto están convencidos de que están en esas condiciones miserables porque nacieron pobres, porque son de países subdesarrollados y resultado de una brutal colonización y dominación de otra época, y pues ni modo, los dejaron marcados de por vida y sólo sacarse la Lotería o casarse con un millonario o millonaria los puede sacar de su desgracia (al estilo de una telenovela mexicana).

Sin embargo, tú ya sabes que la causa primaria de todo lo que te está pasando radica en lo que pensaste en el pasado y, por lo tanto, lo que pienses hoy te sucederá mañana. ¿Estamos listos para, como migrantes, comenzar a pensar en grande y vivir la vida de nuestros sueños y darles todo el confort y la felicidad a los que amamos? ¿Estamos verdaderamente listos para recibir el "American Dream"? Porque hasta para recibir tienes que estar preparado.

Vivir en desgracia con frecuencia es estar viviendo la vida de alguien más, a partir de las ideas que ese alguien sembró. Pudieron haber sido seres queridos, medios de comunicación, centros de trabajo, culturas regionales o hasta modas del momento, pero, ¿qué importa quien las sembró? Ya que lo verdaderamente importante es que aquí y ahora lo podemos revertir.

Vivir la vida que alguien más nos impuso es un problema de auto-imagen, de no saber qué vida queremos vivir, cómo la queremos vivir, en dónde la queremos vivir. Si te preguntara el Genio de la lámpara de Aladino: "¿Cuál es el tipo de vida que quieres vivir de hoy a un año?", ¿qué le dirías? ¿Cuánto ganarías? ¿A qué actividad productiva que te encanta te dedicarías todo el día? ¿Quiénes serían tus amigos? ¿En qué tipo de vivienda vivirías? ¿Qué vehículo conducirías? ¿A dónde irías de vacaciones? ¿Qué harías con todo el dinero que te va a sobrar después de darte a ti y a los tuyos todos los lujos y confort que te mereces? O para ser más práctico, ¿cuál sería el guión de tu vida?

¿Alguna vez te has tomado diez minutos para soñar en grande y escribir en donde te gustaría estar en diez o doce meses? Como nos dice Bob Proctor, tú tienes un ADN creativo perfecto, pero algunos factores se encargaron de sepultarlo con dudas, inseguridades, paradigmas y todo tipo de miedos. Vamos a desenterrarlo, limpiarlo y ponerlo a funcionar. Tu potencial creativo es infinito, no necesita de ninguna modificación o alteración, solo que entres en conciencia de que lo tienes y lo comiences a usar. No te pelees con nadie ni compitas con nadie, crea con tus facultades poderosas y creativas. Proctor dice que los amateurs compiten pero los profesionales crean. Sé un profesional y transmíteselo a todos los que te rodean.

Finalmente, lo que te queremos pedir es que escojas el tipo de persona que quieres ser, con cualidades y fortalezas; escribe la descripción de ese personaje maravilloso que anhelas ser, una especie de guión de vida (y no lo hagas muy largo, tal vez una o dos páginas narrando la persona que quieres ser en algunos meses o en un año). Relájate, visualízalo, grábalo en tu teléfono móvil, escúchalo muchas veces, léelo muchas veces, internalízalo, y eventualmente, mucho antes de lo que siquiera puedas hoy creer, estarás en proceso de convertirte en esa persona fantástica que muy pronto serás. Decía Miguel Mateos, cantante de rock argentino del siglo pasado: "Nene, nene, ¿tú que vas a ser cuando seas grande? Estrella de rock and roll, presidente de la Nación?". Así de sencillo. Tú siempre has sido grande en capacidad creativa y en potencial interior, pero tal vez no te habías percatado de eso. Ahora que ya estás en consciencia te pregunto, parafraseando a Mateos: "Paisa, Paisa, ¿tú que vas a hacer ahora que ya sabes que eres grande?". Contestar esta pregunta con sinceridad y actuar de inmediato te volverá rico, saludable y feliz.

¡Ándale!

20

Tip 7:
¡Qué miedo ser exitoso!

"¡Qué bueno que te dé miedo el éxito!", diría don Teofilito, "¡malo sería que no te diera!", ya que el miedo, cuando estás consciente de lo que significa al estar persiguiendo tus sueños y metas, es la mejor brújula que existe para darte la certeza de que vas en la ruta correcta. Ya habíamos comentado que el miedo lo sientes porque vas a algo desconocido, a algo que nunca has hecho, a algo nuevo. Sin embargo, como dice Sandy Gallagher, "la cueva a la que temes entrar contiene el tesoro que siempre has estado buscando". Ese miedo debe de tener un ingrediente adicional para saber, como dicen las mamás, que es "miedo del bueno". Debe de estar mezclado con emoción, esto es, que te dé miedo pero te emocione a la vez.

Cuando una persona tiene dudas o preocupaciones (cosa normal en cualquier ser humano) porque no se ha cumplido su meta o porque no ve señales de que pronto se vaya a cumplir, con frecuencia siente miedo (a la pobreza, a perder o al ridículo) y sin dudarlo se regresa a su zona de confort, al lugar en donde se siente cómodo, ya que en su imaginación puede "predecir" las catástrofes que pueden suceder. Esas catástrofes no las ve, son invisibles, pero se las imagina. Sin embargo, si cuentas con este "entendimiento" de lo que el miedo significa, entonces en la pantalla de tu mente construyes todas las razones de por qué sí va a suceder. Esto se llama "fe", ya lo habíamos visto antes (ver lo invisible, creer lo increíble y recibir lo que las masas consideran imposible). Tanto la fe como el miedo son invisibles, están en tu imaginación, ¿por qué optar entonces por el destructivo miedo y no por la creativa fe?

Visualizar lo que sí quieres produce un poderosísimo efecto de poner las cosas en orden, darte conciencia y darte todo lo que necesitas. Lee con detenimiento y tranquilidad, al menos diez veces, este pequeño párrafo del libro Tu poder invisible, de Genevieve Behrend; se explica por sí sólo:

Cuando tu entendimiento comprende el poder de
"visualizar el deseo de tu corazón" y logr
sostenerlo en concentración, son atraídas a ti
todas las cosas necesarias para satisfacer esa imagen
gracias a la armónica vibración de la Ley de la Atracción.

Entonces, ¿qué hacer cuando me da miedo dar un paso de acción para iniciar con la construcción de mi meta? ¡Hazlo con miedo! Y te darás cuenta de que del otro lado del miedo están la paz, la libertad y el estilo y tipo de vida que siempre soñaste. El miedo no es otra cosa más que el paradigma peleando por no ser alterado y mantener las cosas en el estado actual.

Cuando decides "hacerlo con miedo" comenzarás a sentir incomodidad, ansiedad y en ocasiones hasta náuseas o malestar estomacal. Esta es una forma consciente de darte cuenta de que estás cambiando y subiendo de vibración. Es el cambio de vibración en tu cuerpo que implica aspirar a algo más grande, a salir del inferior estado mental para ir al superior. Es pasar de tener miedo a tener fe en que lo lograrás. Por eso nuestra meta debe de ser muy grande y ambiciosa, para lograr tener la voluntad y fuerza de alcanzarla a pesar de la incomodidad.

Este capítulo debe de darte la luz para aprender la importancia de "sentirte cómodo sintiéndote incómodo". Ya lo dijo antes Nightingale: "Lo opuesto a valiente no es ser cobarde, sino conformista".

¡Gracias, miedo, por existir! Eres un extraordinario guía para saber que vamos en la ruta correcta. Recuerda, querido paisano inmigrante: Si cuando fijes una meta de lo que sí quieres no te asusta y emociona a la vez, ¡entonces la meta es pequeña y no digna de ti! Debemos de inyectarle un mayor desafío, riesgo y magnitud.

Dice Bob Proctor: "Tomar riesgos es esencial cuando quieres alcanzar una meta... ya que lo peor que puede pasar es que sucedan cosas mejores de las que actualmente estás experimentando".

21

Tip 8:
Las respuestas a todas mis preguntas

Con frecuencia, después de haber sido profesor de varias universidades de mi país por más de 15 años y de haber tenido contacto en las aulas con más de 5,000 alumnos, en algún momento del ciclo académico solía compartir con ellos la siguiente anécdota:

Hace algunos años (fue justo en el verano del 2007) yo colaboraba muy cerca de una de las personas que en ese momento era considerada de las mejor formadas en términos generales en mi país; ella era popular, respetada, educada y con visión. Una buena parte de la población la consideró la mujer más poderosa del país por esas épocas. Sin embargo, en una ocasión en que transitábamos en su vehículo particular por alguna avenida del sur de la Ciudad de México, ella y yo discutíamos una situación social de fondo que para mí era de alta relevancia en ese momento, y al no saber yo qué hacer y al pedirle su consejo ella me contestó: "Marcelo, regrésate unas semanas a Chihuahua (mi ciudad natal) y vuélvete a hacer todas las preguntas". Esa frase fue simple para mí, pero devastadora a la vez. Yo estaba urgido de una respuesta que ella no me dio (ni tenía por qué dármela, el problema a resolver era mío, no de ella). Al hacer lo que me dijo, pasé días, luego semanas y después meses, y jamás logré conseguir la respuesta a mi pregunta ni tampoco volver a tener con ella la cercanía que alguna vez tuve. No supe cuáles eran las preguntas y mucho menos las respuestas.

Ahora te pregunto, si en este preciso momento alguien muy importante en tu vida en algún aspecto (en mi caso ella lo era para mi desarrollo profesional) te pide que para resolver el problema que te tiene anclado te vuelvas a hacer todas las preguntas, ¿qué dirías? Pues bien, en ese momento jamás logré tener las respuestas, pero algo maravilloso sucedió en mi vida. En el otoño de ese año fui invitado a ver la super exitosa película "El secreto", maravillosa creación de Rhonda Byrnes sobre la importancia de entender el proceso creativo que la mente nos regala. Por lo que hoy, una década después, tengo el entendimiento para saber que esa era la respuesta a todas mis preguntas, y fue justo gracias a "El secreto" que conocí a uno de sus más poderosos protagonistas, quien con el tiempo se convirtió en mi mentor, mi maestro, mi compañero de trabajo en PGI y mi amigo, Bob Proctor.

La película "El secreto" abrió mi mente, pero Bob Proctor con su sabiduría me cambió la vida y me regaló una de las enseñanzas más poderosas que jamás haya aprendido: "Por lo regular, la respuesta a todas tus preguntas está en tomar la decisión de hacerlo".

¡Guau! Eso sí que movió todo mi sistema de creencias y me abrió una nueva dimensión que, por sencilla, jamás la había siquiera contemplado como opción, sobre todo porque a pesar de haber estudiado desde el *kindergarten* hasta el nivel de doctorado, jamás me lo enseñaron en la escuela o universidad. Por lo tanto, veamos ahora – con la misma sabiduría de Proctor – lo que es una decisión, para luego incorporarla a nuestro sistema de creencias y convertirla en una herramienta de uso diario.

Una decisión es un movimiento que se hace en un milisegundo y que te resuelve enormes problemas. Es una disciplina que trae orden a tu mente, lo que evita conflictos mentales y emocionales, que luego se convierten en realidad en el mundo físico. Las decisiones se toman justo en donde estás y con lo que tienes. Una vez que tomas la decisión, vas a encontrar a todas las personas, recursos e ideas que necesitas... todas las veces. Lo único que debes de poner en consideración es si lo quieres o no. Lo que sea que necesites para alcanzar tu meta, lo atraerás. El obstáculo más grande que encontrarás son las circunstancias que en ese momento estén sucediendo en tu vida, sin embargo, como el emperador Napoleón decía: "¿Circunstancias?... yo las hago". La próxima vez que alguien esté diciendo que no le van a dar el visado migratorio, que no va a conseguir trabajo o que su vida jamás cambiará, explícale que no necesita ni dinero ni conexiones ni circunstancias a su favor para lograrlo, porque cuando haya tomado la decisión de regularizarse migratoriamente, de trabajar exactamente en donde quiere o de cambiar radicalmente su vida, resolverá cómo obtener todo lo que necesita. Siempre pasa, y yo en lo personal lo he confirmado en los hechos muchas veces.

Otra anécdota importante: Cuando el Presidente de los Estados Unidos John F. Kennedy preguntó al entonces Director de la NASA (agencia norteamericana espacial y de aeronáutica) qué se requería para poner a una persona en la Luna y regresarlo seguro a la Tierra, el Director sólo le contestó: "La voluntad para hacerlo". El Presidente jamás preguntó si era posible pagarlo, si era seguro o cualquiera de las miles de preguntas que pudieron haber surgido y hubieran sido válidas en aquella época. El Presidente Kennedy tomó la decisión, y no tuvo nada de importancia el hecho de que jamás se hubiera hecho en los miles de años previos de vida civilizada, ni siquiera lo consideró. Él decidió desde donde estaba y con lo que tenía. El objetivo fue alcanzado en su mente en el momento en que decidió, y fue sólo cuestión de tiempo (el cual se gobierna por leyes naturales) antes de que se manifestara en forma para que todo el mundo lo pudiera ver. Recuerda: "Una vez que tomas la decisión, vas a encontrar a todas las personas, recursos e ideas que necesites... todas las veces".

Conviértete en un decisor profesional que todos los días, semanas y meses del año esté tomando decisiones. El mundo entero, en todas las profesiones, comercios y familias, pide a gritos que lleguen personas que estén dispuestas a tomar decisiones. Una ley básica del Universo es "crear o desintegrar", y la indecisión crea desintegración.

Tu vida es muy importante, pero también muy corta. El poeta Disraeli lo dijo: "Estamos aquí sólo unas cuantas docenas de años... la vida es muy corta para hacerla pequeña". Paisano, tienes el potencial de hacer lo que quieras y de hacerlo bien. Pero debes de tomar decisiones, y cuando el tiempo para una decisión llega, *debes tomar tu decisión en donde estés y con lo que tengas*. Si de todo el libro esta es la única enseñanza que efectivamente se te queda grabada, ¡felicidades! Siémbralo en tu mente y cambiará por completo tu vida. A Bob Proctor y a mí nos la cambió.

Hazte la pregunta de cualquier duda que tengas sobre tu futuro, toma la decisión de hacer lo que tienes que hacer para lograr lo que dudas y ponte a hacerlo.

22

Tip 9:
¡Todo es cuestión de actitud!

La palabra "actitud" tiene tantos significados e interpretaciones que, con frecuencia, si les preguntas a diez personas lo que entienden por ella, te darán diez respuestas distintas. Pero para efectos de lo que estamos aprendiendo en esta sabiduría para convertirnos en poderosos migrantes y lograr con nuestras acciones cambiar primero nuestra situación y luego el mundo, entenderemos por actitud "la integración de todo lo que estás pensando en tu mente, de todo lo que estás sintiendo en tus emociones y de todo lo que estás haciendo con tu comportamiento y conducta". Ya sabemos que somos lo que pensamos.

Actitud es la integración de pensamientos, sentimientos (emociones) y acciones.

• Pensamientos: Los generas a partir de la energía que fluye a ti y a través de ti. Con tu mente consciente (que también hemos llamado "educada" o "intelectual") puedes crear ideas e imágenes que luego conviertes precisamente en lo que llamamos "pensamientos". Aquí es donde pones en práctica las super herramientas que hemos ya visto para crear grandes pensamientos. Con mi razón, memoria, punto de vista (perspectiva) e imaginación creo una gran idea, primero escrita y luego sostenida en la pantalla de mi mente con la concentración, para luego estar alerta de lo que me vaya avisando mi intuición. Aquí puedo o no optar por usar mis cinco sentidos. Si me sirven los uso, mas sólo trabajo desde adentro, construyendo desde adentro y, por supuesto, creando desde adentro de mí. Aquí arranca todo, por eso tenemos que hacer muy bien nuestro proceso de construir nuestro pensamiento.

• Sentimientos (emociones): La idea que construí en mi mente consciente ahora la siembro cargada de emoción y pasión en mi corazón. Recuerda que cuando nos referimos al "corazón" no nos referimos a ese órgano que bombea sangre, sino a lo que se refirieron los antiguos griegos, la Biblia y los filósofos contemporáneos de esta disciplina. Cuando hablamos del corazón nos estamos refiriendo a nuestra mente subconsciente, a nuestro paradigma. Esto es, a esa parte de nuestra mente que es absolutamente responsable de todo lo que diario nos sucede. Aquí radican nuestros valores y miedos; aquí radican nuestros impulsos a la acción y nuestra duda; aquí radica la autoimagen y nuestra propia óptica de si somos exitosos o fracasados. Es en este segundo nivel (el primero fue el de pensar) en donde los sentimientos que nos generan los pensamientos creados producen un cambio de vibración en nosotros. Sentir emociones diferentes es una forma simple de referirte a "cambiar de vibración". La vibración en la que te encuentres atrae la situación o circunstancia que esté en esa misma vibración, lo dicen la ciencia y las religiones. Por lo tanto, cada vez que nos sentimos bien, o mal, nos permite estar alerta del tipo de vibración en que nos encontramos y por lo tanto, mientras no cambiemos esa imagen, de qué estamos y seguiremos atrayendo (¡y todo nace de un pensamiento, idea e imagen!).

¿Cómo siembro aquí la buena vibra que necesito para atraer todo lo bueno? Lo veremos con detalle en los últimos capítulos, sin embargo vete familiarizando: Es cambiando tu paradigma, lo que solo sucede a través de dos vías: la primera son las repeticiones constantes y espaciadas de la idea que quieres sembrar (leer mucho la idea, escribir mucho la idea, oír mucho la idea o pronunciar mucho la idea); la otra forma de hacerlo es a través de un impacto emocional lo suficientemente contundente como para cambiar el sistema de creencias que actualmente te rige. Por lo regular los impactos emocionales son negativos (un accidente, una pérdida de relación o dinero o una muerte), por lo que la vía más "práctica y pacífica" para lograr todo lo que deseas de manera sencilla es a través de las repeticiones.

Querido Paisano, ve comprando un cuaderno con muchas páginas en blanco, ya que el crecimiento exponencial de tus resultados va a estar muy ligado a la tinta y el papel.

• Acciones: La acción física es consecuencia de haber creado bien la idea en el proceso inicial (con tus factores intelectuales y en ocasiones con tus cinco sentidos) y de haberla sembrado correctamente en tu mente consciente a través de las repeticiones. La acción es la forma como se expresa esa nueva vibración del paradigma en el cuerpo. El cuerpo es un instrumento dócil que hace exactamente lo que la vibración del paradigma le dicta. Por lo regular, tú verás cómo haces, dices y te comportas de una manera muy distinta cuando estás actuando como consecuencia de una nueva vibración desarrollada en tu mente subconsciente. Algunos de los pasos de acción serán espontáneos e inconscientes, sin embargo muchos otros te irán siendo develados, día a día, por la super herramienta que ahora conoces más y que se llama *intuición*. Recuerda, la intuición es esa mágica vocecita que, según Goddard, no es otra más que la voz de Dios que te guía con plena certeza (y siempre te guió, pero tal vez antes no estabas alerta de esta maravillosa información).

Por lo que de hoy en adelante, cuando quieras predecir con anticipación si vas a obtener lo que quieres, construye una buena actitud en relación con ese propósito. Digamos que quieres aumentar tus ingresos de 40,000 a 200,000 dólares anuales (crecer un 500% en un año es lo más sencillo del mundo... cuando tienes la información correcta y un mentor que te guíe). Entonces, lo primero que hay que hacer es:

- Paso 1: Pensar en todas las razones por las que sí puedes ganar esa cantidad (no estamos diciendo que sepas cómo ganarlos, sólo que hagas una lista de por qué sí puedes: por tu experiencia, por tu ambición, por tus talentos, etc.) y crear una imagen de ti al ya haberlo conseguido (esto lo haces con tus super herramientas y con tus cinco sentidos).

- Paso 2: Luego escribir en papel exactamente lo que sí quieres y desarrollar una pequeña historia de a lo mucho un par de cuartillas de cómo te ves a ti mismo una vez que lo hayas conseguido. Esa escritura (obvio, haciéndolo varias veces, por varios días o semanas) creará la imagen (con tus facultades intelectuales) de lo que quieres obtener y comenzará a "emocionarte" al verlo en la pantalla de tu mente. Esa emoción, ahora ya lo sabes, cambiará tu vibración y después de hacerlo por "repeticiones" en varias ocasiones, comenzará a cambiar tu paradigma y a convertir en nuevo hábito lo que sí quieres... y lo reflejará en tus acciones.

- Paso 3: Sé consciente de todo lo anterior, está atento de lo que te dicta tu voz interior y ponte a hacerlo.

¡Siempre lograrás lo que quieras! No importa qué, todo es cuestión de integrar estos tres pasos: Pensar correctamente, sentir emociones correctamente y actuar correctamente.

¡Es cuestión de actitud!

23

Tip 10:
El líder que todos los latinos llevamos dentro

Todos los seres humanos tenemos un gran potencial de liderazgo dentro de nosotros, es sólo cuestión de desarrollarlo. Se vuelve fundamental que nosotros los migrantes entendamos este punto, ya que en lo primero que queremos ejercer un fuerte liderazgo es en nosotros mismos, en lo que estamos pensando; tenemos que tomar el control de ese paradigma que, descontrolado, puede ser desastroso. Un verdadero líder es aquel que opera desde adentro, es aquel que sabe – como dice mi mentor Bob Proctor – que "la ausencia de evidencia no es evidencia de ausencia".

Con frecuencia no tendrás hechos que demuestren que tu meta se va a cumplir o que vas en el camino correcto, pero eso no importa, porque el líder no se guía por los cinco sentidos (por ejemplo lo que se ve o se toca), sino que se dirige desde adentro. El líder sabe que lo que ve en la pantalla de su mente y logra sentir en su corazón tiene contados sus días para materializarse, partiendo de la bella Ley Universal de la Gestación, que dice que todo tiene un plazo de incubación para manifestarse.

El líder de excelencia lo es porque previamente fue un buen seguidor de otros que ya pasaron por lo que él quiere lograr. El líder tiene la capacidad de tener planes de acción sobre su idea aunque no tenga ni idea de cómo lo va a hacer, y si sus planes no funcionan, hace nuevos planes. La realidad rara vez está en la apariencia de las cosas, por lo tanto, el inmigrante que ahora tiene esta información se convierte en un visionario creativo. En silencio, serenos y haciendo mucho, siguen esa vocecita interna que les va diciendo cuál camino tomar.

El prototipo del líder de excelencia que puede obtener lo que quiere fue desarrollado de manera magistral por Napoleón Hill, y aquí te compartimos al menos doce de sus principales características. Si como inmigrante que quiere alcanzar el "Sueño Americano" las integras como hábito a tu actuar diario, tienes garantizado el éxito. Son habilidades muy sencillas y que todos podemos desarrollar, operan por ley, lo sepamos o no, pero frecuentemente, por ignorancia o pereza, muchos jamás las conocen o las ponen en práctica. Me emociona el solo hecho de saber lo mucho que te van a servir (aquí te las señalamos de manera breve, si deseas más detalle, consulta el capítulo 7 de "La planificación organizada" de Napoleón Hill, en su libro *Piense y hágase rico*).

¿Qué debe hacer o qué características debe tener el líder exitoso que controla lo de afuera, pero también lo de adentro de él?

1) Valiente al emprender (o como dice Nightingale, no ser conformista).

2) Autocontrol de sus emociones.

3) Sentido de justicia (sabe que la vida opera por leyes naturales y se atiene a ellas).

4) Toma decisiones (no busca aprobación, y menos con quien no conoce este proceso).

5) Hace planes de arranque (cuando menos el primer paso y ese lo llevará a otros, si sus planes fallan, hace nuevos planes. El fracaso de un plan no lo hace un fracasado, sino dejar de intentar).

6) Hace más de lo que le toca hacer (y así recibirá más compensación por lo que hace).

7) Personalidad agradable (esta se la da la certeza de que logrará todo lo que quiere, es lo contrario a la amargura).

8) Compasivo ante los demás.

9) Disciplinado (darse una orden de hacer algo... y obedecerla, y estudiar a diario esta sabiduría).

10) Sabe dominar hasta el último detalle (a través de expertos que lo apoyen, asesoren y operen esa parte).

11) Está dispuesto a asumir toda la responsabilidad (finalmente, si nosotros creamos nuestras propias circunstancias, ¿cómo podemos culpar a alguien de lo que nos sucede?).

12) Cooperar con los demás para que los demás cooperen con él.

Domina tu paradigma y dominarás tus sueños. Como Proctor lo afirma en su libro *Tú naciste rico*: Naciste para crear, ser feliz, abundante y saludable. Únicamente es cuestión de que estés consciente de ello y te pongas a disfrutar de la vida con los que amas. Haz lo que tengas que hacer, y recuerda las sabias palabras de Albert E. N. Gray al decirnos que "el común denominador del éxito" es hacer lo que a los fracasados no les gusta hacer (y en ocasiones a los exitosos tampoco les gusta hacerlo, pero por el intenso deseo de éxito, sí lo hacen).

24

Tip 11:
¡Que todos crezcan conmigo!

Wallace D. Wattles nos dijo hace más de cien años que la llave número 1 del éxito es dejar a todos con la impresión del crecimiento. Dejar a todos, con una simple charla de cinco o diez minutos, mejor de como los encontramos. Ya sea con una idea, comentario sincero o consejo. No importa que los conozcas o no. Puede ser la empleada del supermercado, tu compañero de trabajo, el que te vende el periódico o tu jefe en el trabajo. Pero, ¿de qué nos sirve andar dejando a los demás con la luz para superar algo por haber hablado con nosotros? Hay una poderosa ley invisible con la que ya te hemos familiarizado. Es la Ley de Causa y Efecto, que decreta que por cada acción realizada hay una reacción de igual intensidad. Por lo tanto, no hay suerte sino resultados por ley. Todo lo que te pasa tú lo creaste. Una persona que convierte en su hábito de vida dar todo lo que sabe o puede, recibirá de vuelta lo mismo, aunque con mucha frecuencia no vendrá de la misma persona o fuente. Trabajar en armonía con las leyes que ya te hemos presentado aquí (y que puedes estudiar mucho más a fondo en otros libros como el de Raymond Holliwell) te permite alcanzar, literalmente, todo lo que te puedas imaginar. Pero, por ley, te lo tienes que imaginar.

Por lo tanto, haz el bien sin mirar a quien y espera mucho a cambio. No aceptes la idea de dar sin esperar a cambio, espera mucho, pero no condiciones de donde vendrá. Dios y el Universo tienen muy bien resuelta esa cuestión. Por eso, como nos lo dice Troward en su maravilloso escrito "El espíritu de la opulencia", debemos de estar más enfocados al dar que al recibir... y vernos a nosotros mismos como centros de distribución, ya que entre más cumplamos nuestras funciones como dichos centros, mejor será la recompensa correspondiente. En otras palabras y citando a Sandy Gallagher: "Los que dan ganan".

Este capítulo, Paisano, si lo vuelves hábito de vida, se convertirá en la más rentable inversión que jamás hayas hecho. Dale a todos a manos llenas lo mejor de ti. Si eres buen jardinero, comparte consejos para que otros sean mejores jardineros que tú. Si eres mecánico, enséñales a todos todo lo que tú sabes. Si trabajas en un mercado, dale técnicas de ventas a quien venda lo mismo que tú. Cuando das con alegría y sinceridad, lo que las leyes del Universo te devolverán será tanta abundancia en todos los aspectos que te sorprenderás y preguntarás por qué no te había llegado antes (y por supuesto tendrás muy claro el porqué).

Ponte a dar, es por ley que recibirás de vuelta. Y no confundas, no tiene necesariamente que ser dinero, comida o bienes lo que des, da lo que sabes, lo que más te gusta hacer, lo que nadie hace como tú, pero ahora con esta consciencia lo darás sabiendo que tendrás mucho más de vuelta.

25

Tip 12:
Me hice rico trabajando en equipo

Andrew Carnegie, el hombre más rico del mundo en los años 30s, justo cuando la economía del planeta se desmoronaba por la Gran Depresión, afirmó que la porción más grande de su fortuna la amasó trabajando en equipo. Pero no se refería al gigante equipo de empleados que en todo el mundo tenía para mover sus negocios, sino al equipo compacto que denominaremos "Mente Maestra" o "Mastermind".

Bob Proctor y Sandy Gallagher nos dicen en su programa de crecimiento y desarrollo personal "Thinking into Results", el cual conozco y he experimentado de manera personal, que un *Mastermind* es una manera de magnificar o expandir el poder de la mente. Ya estamos en el último cuarto de nuestro libro, y sabes ahora mucho de cómo funciona tu mente y de todo lo que puedes lograr con ella. Imagínate ahora que te venimos a decir que si tu mente logra todo lo que tú quieres, la unión de varias mentes puede lograr lo que el mundo quiere.

Unir varias mentes en armonía a través de un *Mastermind* para lograr algo es trabajar con un poder inmensamente mayor que el que una mente individual puede producir. Proctor dice que es como conectar muchas baterías a un mismo motor: el poder crece exponencialmente, no gradualmente. Esto es lo que se hace, no cuando quieres volver a una persona rica sino cuando quieres volver rica a una región completa del mundo. Esto es lo que se hace, no cuando quieres resolver un serio problema personal que tienes sino cuando quieres resolver una guerra entre naciones. Esto es lo que se hace, no cuando quieres cambiarte como persona y ser feliz sino cuando quieres cambiar para bien a una buena parte del mundo y hacerla feliz. Es lo que se hace para dar con la fórmula para pagar la deuda aparentemente impagable de una corporación o de un país. Es lo que haces para resolver un problema social, político o humanitario que está impactando a mucho más que tu sola situación personal. ¿Estamos siendo claros del tipo de poder al que te estamos introduciendo? Es el poder que, si lo conocieran los líderes de las naciones del mundo, nunca más volvería a faltar nada para nadie, porque nos dirigirían a todos hacia este maravilloso, abundante y siempre expansivo estilo opulento de vida. El mundo sería rico.

Pero, ¿en qué consiste? ¿Por qué tanto misterio? No hay misterio, hay desconcierto hasta lo más profundo de nuestro corazón por la ignorancia de este maravilloso poder. No dudamos que muchos lo usen para muchas cosas, pero estamos seguros de que si se utilizara para los problemas más serios y profundos del mundo, en un día, sí, en un día ordinario, se podrían generar las ideas necesarias para comenzarlas a implementar y resolver todos los inconvenientes que se pusieran a consideración, incluyendo una amenaza nuclear, una quiebra del sistema financiero de un país o una gran reforma migratoria en la que todos ganaran.

Te recomiendo un poderoso artículo llamado "La historia 333", publicado hace años en el super *best-seller Caldo de pollo para el alma*, que combinado con las enseñanzas de Napoleón Hill y Bob Proctor, nos permiten hoy darte la fórmula para resolver en unos cuantos minutos cualquier problema que se te presente de tipo económico, personal, migratorio o de salud. No te estamos diciendo que después de esa reunión de *Mastermind* va a estar todo resuelto, pero lo que sí te aseguramos es que después de esa reunión tendrás las ideas y los primeros pasos a dar para resolver ese gran problema. Paisano, aquí te compartimos el sencillo ABC:

- Primero: Reúnete con un grupo de entre dos y ocho personas que estén en un espíritu de armonía, esto es, con la intención de resolver y ayudar, no de competir o destruir. Todos los que acudan estarán ahí para dar todas las ideas, pensamientos y razones que les sean posibles (¿recuerdas lo de dejar a todos con la impresión del crecimiento?). Vienen a dar todo y no a ver qué se llevan.

- Segundo: Lee los siete principios del *Mastermind* que te compartimos en el anexo final de este libro.

- Tercero: Solo se permiten ideas y opiniones positivas, que contengan un "cómo sí se puede" y quedan estrictamente prohibidas las opiniones y análisis del "cómo no", no importa qué tan sabias, reales y lógicas suenen. Sólo está permitido trabajar con el "cómo sí" (vale la pena que leas la historia 333 ya referida para mucho más detalle en la técnica).

- Cuarto: Nombren un líder que cederá la palabra y un tomador de tiempo que no permita que las preguntas u opiniones se expandan más allá del tiempo determinado.

- Quinto: Digan todos, de manera individual y breve (no más de un minuto por persona), una situación por la que se sientan profundamente agradecidos en ese momento. Esto ayuda a elevar la vibración positiva entre los integrantes, a romper el hielo y, por lo tanto, a fortalecer la camaradería.

- Sexto: Pregunta al *Mastermind* con plena confianza todo lo que quieras saber y te sorprenderás de las soluciones poderosas que de ahí surgirán.

Te cambiará la vida, nunca nada volverá a ser igual, recibirás todas las respuestas e ideas y tendrás la ruta sobre la cual actuar para en cortísimo tiempo lograr resolver tu problema.

Esta es la verdadera sabiduría de vida.

26

Latinos en acción 1:
Mi meta, mi sueño.

Tal como te lo narramos en el capítulo 14, es el momento de crecer a partir de tener una meta. Una meta es algo que te hace crecer como persona en todos los aspectos. Es lo que te hace levantarte cada mañana como si tuvieras un resorte en la espalda sin importar el sueño, el cansancio o el hábito de no levantarte. Una meta te hace sentir vivo y saber que cada día lo estás viviendo para lograr algo. Una meta te hace productivo, feliz, y te permite comenzar a cambiar al mundo.

Paisano, es el momento de trabajar con algo que te mueva, algo que verdaderamente desees, algo que nunca hayas hecho y que te asuste y emocione a la vez, pero sobre todo, algo que no sepas cómo vas a realizar pero que con todo lo que has aprendido en este libro sabes que sabrás cómo hacerlo guiándote con tus super herramientas.

Comienza por lo siguiente:

1. Decide qué es lo que más amas hacer: Siéntate unos minutos, relajado, sin ninguna otra cosa que te distraiga, pregúntate y escribe: ¿Qué es lo que más me gusta hacer? Ten claridad de que no te estás preguntando "¿qué es lo que estoy haciendo ahora?" sino ¿qué es lo que más me gusta hacer? ¿Para qué soy extremadamente bueno? ¿Para qué tengo mucho talento de nacimiento? ¿Qué me encanta y amo hacer? Una vez que contestes estas preguntas, que te pueden llevar varios minutos, horas o días, entra en conciencia de que esto es de lo que se trata la vida. Primero para descubrir para qué soy muy bueno y amo hacer, y luego para entrar en conciencia de que el verdadero éxito en la vida en eso consiste, en hacer lo que más te gusta a partir de saber qué es lo que más te gusta hacer.

2. Fija una meta haciendo lo que más amas hacer: Debe estar relacionada con lo que más te gusta hacer. Debe de ser algo gigante, ilógico a la vista de los demás (pero muy deseado y con la creencia de tu parte de que se puede alcanzar), algo que nunca hayas hecho, algo que te emocione mucho por la sola idea de lograrlo pero que a la vez te

dé miedo. Debe de ser algo que no sepas como lograr, ya que en el camino las facultades intelectuales superiores te irán diciendo cómo encontrar la ruta a seguir. Para fijar la meta debes de soñar, debes de fantasear como lo hacías de niño cuando construías estaciones espaciales y casas con las cobijas y los sillones de la casa. Debes permitirte llevar tu imaginación a niveles no explorados con anterioridad y escribir todo lo que se te venga a la mente hasta que la vayas definiendo y sepas exactamente qué es lo que quieres. Y recuerda, la gran meta de la que estamos hablando debe de tener estos tres aspectos: 1) darte miedo y emocionarte a la vez, 2) nunca debes de haberlo hecho antes (para que haya un crecimiento en tu persona), 3) no saber cómo lo lograrás, pero tener fe en que con lo que aquí te estamos compartiendo sabes que sabrás cómo lograrla. ¿Ya la tienes? Ahora escríbela en una tarjetita que traerás tan cerca de ti como puedas.

3. Toma la decisión sobre lo que vas a hacer: En el momento que la tengas por escrito, toma la decisión, desde adentro de ti, de que lo vas a hacer, y en ese momento todo se comenzará a mover para darte lo que has pedido. Pregúntate: ¿Soy capaz de hacerlo? y ¿estoy dispuesto a hacer todo lo que tenga que hacer para lograrlo? Y aquí es donde se pone más emocionante: ¿Cómo puedo saber si soy capaz? Bueno, si todo es energía, incluyendo cualquier cosa a la que aspires, si eres un ser creativo hecho a imagen y semejanza del creador, si la energía ni se crea ni se destruye, sino que solamente se transforma, pues con nuestras facultades creativas de la mente transformemos esa energía (situación personal, estado de salud o alguna cosa que deseas) de lo que no queremos a lo que sí queremos. ¡Guau! Ahora entiendo a qué se referían la ciencia y la teología al decirlo cada una a su manera: "Todo lo que toca esa persona, lo convierte en oro". ¿Y cómo se si estoy dispuesto? Eso sólo tú lo puedes contestar.

4. Desde antes, siente como si ya lo has recibido y da gracias por ello: Escribe en un cuaderno, con tanta frecuencia como puedas, la profunda gratitud que sientes por estar ya en posesión de lo que quieres. En esta etapa aprenderás a visualizarte como el migrante del que todos se sienten orgullosos, por exitoso y brillante, ya que logró el sueño que todos buscan al llegar a los Llunaites. Fue acertado San Marcos cuando en los Evangelios decretó: "Cree que has recibido y recibirás" (11:24).

5. Ponte en acción: Actúa sobre tu idea, hazle caso a tu intuición y realiza lo que te dice, respeta los mensajes de Dios o de la inteligencia infinita que comenzarás a recibir. Y para eso, en los siguientes capítulos te iremos diciendo cómo ponernos en acción.

El proceso creativo únicamente funciona cuando se verifica completa la siguiente sencilla pero efectiva fórmula:

**Meta + Decisión + Emoción + Acción =
Manifestación de mi deseo**

En el momento en que comienzas a trabajar por algo (tu meta), en ese momento estás realmente vivo, te sientes productivo, feliz y en propósito. Y recuerda: sé persistente, no forzosamente te habrá de salir todo bien a la primera. Si fracasas sólo significa que tus planes no fueron buenos, pero tu meta siempre será estupenda, abrázala, síguela hasta alcanzarla. Fracasar no te hace un fracasado, ya que, como dice Bob Proctor: "Sólo fracasa aquel que deja de intentar". Por lo tanto, si tus planes no fueran buenos, intenta otros hasta que funcione.

El éxito es ir de tropiezo en tropiezo sin perder el entusiasmo.

27

Latinos en acción 2:
Mis treinta minutos pa' ser exitoso

A partir de hoy, para lograr tu sueño deberás invertir al menos treinta minutos de tu día para darle forma. De 1,440 que tiene el día, no son gran cosa 30 minutos. Significa sólo un 5% que además invertirás en tu crecimiento. Aquí es donde realmente comienzas a poner en práctica todo lo que hemos comentado en los 26 capítulos anteriores.

Si crees que ya estás en el proceso de crear tu meta por el solo hecho de ya haber leído todo lo que te hemos compartidos en los anteriores capítulos, olvídalo, el solo hecho de saberlo y tener un juicio y opinión sobre el tema no es suficiente para que algo importante suceda. Para que esto funcione debes de combinar la ruta que aquí te estamos dando con tus pensamientos, tus emociones y con la acción de actuar sobre las ideas maravillosas que comenzarás a crear. Por lo tanto, toma con absoluta seriedad estos treinta minutos... y lo que de ahí comenzará a surgir.

¿Cómo distribuyo esos treinta minutos diarios? Intenta que sea la primera actividad productiva que realizas en el día; aquí te comparto lo que en muchas ocasiones nos han enseñado a hacer Bob Proctor y Sandy Gallagher:

- Minuto 0 al 5: Escribe tu meta.
  Escribe diez veces la meta que has fijado en el capítulo anterior y que proyectarás lograr en un plazo máximo de un año.

- Minuto 5 al 10: Agradece.
  Da gracias por diez cosas. No importa su tamaño o la magnitud. Puede ser por algo que estés viviendo (presente), que hayas vivido (pasado) o que quieras vivir (futuro). Puede ser tan sencillo como dar gracias por tener sábanas en tu cama o tan complejo como agradecer por la teletransportación de personas a través del universo. Pero debes de sentir tu interior vibrando cuando estés escribiendo esas gratitudes. Lo importante de la gratitud no es decirla como si fuera una simple grabación, sino lo que sientes al interior de ti y en tus emociones cuando te manifiestas agradecido. Deben de ser gracias sinceras, que vengan de tu interior.

• Minuto 10 al 15: Pide orientación para el día.

Cierra tus ojos y pídele al creador la inspiración necesaria para avanzar en el día. Pídele que te responda tus preguntas y te muestre los pasos precisos a dar. Sólo pedirás guía para ese día, hagámoslo a corto plazo, 24 horas a la vez. No te presiones por saber qué pudieras hacer mañana o en cinco días, ni por lo que no hiciste ayer. Es un día a la vez. El proceso de crear todo lo que deseas es perfecto, sólo tienes que tener fe en que funcionará. Este ejercicio no solo te dice cómo llevar el día, sino que también es gimnasia pura para tu mente y en especial para tu concentración e intuición, dos de las seis super herramientas. Escribe en papel todo lo que se te venga a la mente en esos cinco minutos que estés recibiendo inspiración con tus ojos cerrados. Al principio cosas confusas e incoherentes te podrán venir "de la inspiración", sin embargo muy rápido afinarás estas super facultades. Y, por supuesto, actúa sobre las ideas y orientaciones que recibas en esos poderosos cinco minutos (haz las llamadas, busca a las personas, haz las acciones o ve a los lugares que esa orientación te instruya).

• Minuto 15 al 20: Envía amor y bendiciones.

Envía bendiciones a tres personas que tú percibas que en algún momento te hayan hecho daño. Hazlo con sinceridad, desde dentro de tu corazón, con los ojos cerrados y deseándoles salud, riqueza, bienestar, vida familiar exitosa y todo lo que desearías para ti. Ya lo hemos dicho, "el que desea para otros todo el bien que desea para sí mismo, se vuelve inmensamente rico", y esto es por ley, por la Ley de Causa y Efecto.

• Minuto 20 al 30: Visualiza con tu imaginación.

Ya sabemos que escribir produce pensar, que pensamos en imágenes y que las imágenes que tenemos en nuestra mente son el punto de arranque de todo lo que recibimos y nos sucede. Escribe en papel lo más clara que puedas la forma como te imaginas tu meta; hazla corta, de media página. Y luego comienza a visualizarla, esto es, a verla en la pantalla de tu mente. El acto de visualizar debe de ser como ir a ver una película al cine: te sientas, cierras los ojos y empiezas a ver todo lo que sí quieres. Al principio, si no estás entrenado en la práctica de la visualización, podrás solamente hacerlo una fracción de segundo, sin embargo, la imaginación es como un músculo que vas desarrollando y haciendo cada vez más fuerte y poderoso a medida que lo usas. Te sorprenderás de ver todo lo que puedes desarrollar tu visualización sólo con practicar unos segundos al día. Pues bien, te lo digo claro y sin rodeos: Lo que visualices lo vas a recibir, lo sepas o no, lo quieras o no. Por lo tanto, es momento de que tomes con la más absoluta seriedad esta parte de tu día.

Te comparto un pequeño extracto del libro "Tu poder invisible" de Behrend: "El uso consciente de este gran poder (visualizar) atrae a mí recursos en abundancia, intensifica mi sabiduría y me habilita para hacer uso de ventajas que con anterioridad no reconocí".

28

Latinos en acción 3:
Los libros más importantes
para leer por el resto de tu vida

Bob Proctor es muy práctico, sencillo, y va al grano. Él ha leído al menos 5,000 libros de crecimiento y desarrollo personal, conozco las dos bibliotecas de su casa y ambas están llenas de tesoros escritos en los últimos cien años. Sin embargo, en todos los años que tengo de conocerlo, él ha sido muy enfático en que son tres los libros más importantes que cualquier persona puede adoptar como libros de cabecera.

- *Piense y hágase rico*: Bob tiene 56 años leyéndolo, y es el fundamento central de todos sus programas. Poderosas lecciones de este libro escrito por Napoleón Hill, como la autosugestión, la imaginación, la planificación organizada o la transmutación del sexo, han hecho que millones de personas en el mundo transformen exponencialmente sus vidas en los últimos 70 años. Bob dice que este libro *te enseña a pensar en la práctica*. Yo lo tengo a mi lado todo el tiempo para consulta e inspiración diaria, basta con abrirlo en cualquier página y leer cualquier párrafo para recibir señales y respuestas.

- *Cómo el hombre piensa*: Escrito a inicios de 1900, *este libro te ayuda a entender el poder y alcance de los pensamientos*. Te da una profunda y a la vez sencilla explicación de la importancia de estar consciente de lo que es pensar y, en consecuencia, te invita a pensar. James Allen, su autor, afirma que "somos lo que pensamos", y en sus escasas 20 páginas fundamenta con sencillos ejemplos y anécdotas la frase bíblica contenida en *Proverbios*: "Como el hombre piensa en su corazón, así es él". Te recomendamos ampliamente sembrar en tu mente el poderoso contenido del capítulo acerca de la serenidad e incluso leer dicho capítulo todos los días durante un mes para que se arraigue en ti la serenidad como un hábito.

- *You² (Tú al cuadrado)*: Es el más moderno de los libros y, como Proctor lo menciona, hace que tu mente se agrande, expanda y llegue a crear ideas a niveles que tal vez jamás te imaginaste. Escrito por Price Pritchett y con sólo 36 páginas, es considerado uno de los más poderosos manuales para de una manera sencilla dar los pasos cuánticos y crecer exponencialmente en efectividad y resultados. Hasta el momento solo he visto la edición en inglés.

Hay muchos más que son transformadores, como aquellos de Murphy, Troward, Maltz, Nightingale, Behrend, Proctor, Holliwell o Wattles. Sin embargo, los tres recomendados constituyen un extraordinario punto de partida. Te sugerimos leer párrafos, frases, o tal vez capítulos. No te presiones por leerlos todos de principio a fin. Familiarízate con ellos, internalízalos, lee muchas veces el mismo párrafo o página y llegará un momento en que esa sabiduría que todo transforma será parte de ti y serán nuevos hábitos en ti. Leer te da entendimiento, hace crecer tu conciencia de cómo funciona el proceso creativo y te lleva con seguridad al éxito.

29

Latinos en acción 4:
Veo y siento mi sueño

Todos visualizamos, nos demos cuenta o no.
Visualizar es el gran secreto del éxito.
Genevieve BEHREND

La mejor herramienta para poder saltar de la A a la Z sin pasar por todas las letras previas del abecedario es visualizar. Puedes comenzar a visualizar en conciencia aproximadamente desde los tres años de vida, es una ruta que te ahorrará décadas de intenso esfuerzo, dudas, preocupaciones y miedos. Si visualizas, tu éxito está garantizado. Es la más efectiva herramienta para conseguir lo que quieres cuando no sabes cómo hacerlo. La visualización nace dentro de ti, se ejercita y activa de adentro hacia afuera. Esto lo logras viendo en la pantalla de tu mente todo lo que sí quieres que suceda, tu *meta*.

La visualización te ayuda a ir aclarando todas tus dudas. Por eso, querido Paisa, es muy importante que le pongas todo el interés a este capítulo. Ya hemos hablado del poder de la imaginación y la visualización y aquí te daremos los sencillos pasos para hacerlo.

Si visualizas lo que quieres por 30 segundos, puede cambiar tu vibración y comenzarás a atraer todo lo que deseas gracias a ese poder superior al que se refieren la Biblia y la ciencia. Visualizar te pone a actuar. Aquí te vuelvo a recordar el punto central de toda la obra literaria de Neville Goddard: La Biblia, cuando habla de Cristo, a lo que se está refiriendo es a nuestra imaginación.

La imagen de la visualización se comienza a ver en la pantalla de tu mente cuando escribes tu meta. ¿Qué te parece una afirmación como esta para comenzar a visualizar?:

Hoy, 31 de diciembre del 20__, yo estoy muy feliz y muy agradecido ahora que estoy logrando el "American Dream", tengo mi negocio de construcción y reparaciones de vivienda y estoy ganando 1,000,000 de dólares.

O, ¿qué tal esta?:

Hoy, 31 de diciembre del 20__, yo estoy muy feliz y muy agradecido ahora que soy ciudadano americano y estoy gozando de todos los derechos. Tengo muchos contactos y estoy ganando $1'000,000 de dólares.

O esta:

Hoy, 31 de diciembre del 20__, yo estoy muy feliz y muy agradecido ahora que mi familia está conmigo, estamos todos unidos, hay amor, salud y abundancia y estoy ganando $1'000,000.00 de dólares.

Lo importante a saber

Escribir tu meta te hace pensar, cuando pensamos lo hacemos en imágenes, esas imágenes nos permiten visualizar y en ese momento las ideas, pensamientos, oportunidades y circunstancias ideales comienzan a aparecer, fluir y desfilar por nuestra mente de una manera más sencilla.

¿Cuántas veces te preguntaste cómo ganar $1'000,000 de dólares y nunca supiste cómo?

¿Cuántas veces quisiste iniciar tu trámite migratorio sin el miedo de que en la propia oficina de gobierno te fueran a detener, y nunca supiste cómo hacerlo?

¿Cuántas veces te quisiste dedicar a lo que más te apasiona y, por no saber cómo iniciar, nunca iniciaste?

¿Cuántas veces, cuántas preguntas y ninguna respuesta?

¡Qué difícil es vivir la vida angustiado! La gran mayoría de la humanidad así la vivimos hasta que alguien nos ayuda a despertar a esta nueva etapa de vida. Pero ahora es importante que tengas conciencia de algo muy poderoso: La visualización es una cosa divina, es un regalo que directamente nos da Dios. Es la forma clara y directa para comunicarle al creador que necesitas su ayuda para lograr tus anhelos y sueños. ¿Por qué nunca nos enseñó esto la escuela, la doctrina religiosa de los domingos o nuestro círculo familiar? La respuesta es muy sencilla: Ellos tampoco sabían. ¡Cuánto sufrimiento podemos ahorrarle al mundo si a partir de hoy despertamos a esta milenaria sabiduría! Nos lo dijo Neville: "A través de la imaginación desarmamos y transformamos la violencia en el mundo".

Para visualizar debes de saber que dentro de ti hay un potencial infinito, ¡puedes imaginar lo que quieras y por lo tanto crear lo que quieras!, ¡la imaginación crea! El diccionario la define como "el principio del proceso creativo". ¡Si antes no la utilizaste fue porque no conocías su poder!

¿Cómo visualizo?

Inicia por escribir media página a modo de un pequeño guión donde aparezcas tú, ahí estás justo un segundo, un minuto o un día después de haber logrado tu meta. Imagínate que ya la lograste. *No te preocupes por cómo lo harás, sólo imagina que ya estás ahí*, sin obstáculos de dinero, tiempo, edad, nivel de estudios, sexo ni nada. Tú eres el primero que debes creer esa imagen. *No tienes que tener todas las imágenes*, irán llegando solas conforme practiques tu imagen diariamente. Esto puede ser algo que practiques por días, semanas o meses hasta que llegue, pero, ¡es muy divertido hacerlo cuando entras en conciencia de todo lo que te dará!

¿Con quiénes estas?

¿Qué te están diciendo?

¿Qué entorno hay alrededor?

¿Estás en tu país o estás en los Estados Unidos?

¿Qué ropa traen puesta tú y los que están ahí?

Y lo más importante: ¿Cómo te sientes?, ¿feliz?, ¿agradecido?, ¿con hormigueo de alegría en tu cuerpo?

Mantén la imagen y después de esto ya no querrás regresar a tu anterior vida. *La clave está en sentir*. Sabrás que estás visualizando correctamente cuando te sientas feliz, contento y agradecido al estar con tus ojos cerrados visualizando ese momento maravilloso en el que lo que sí quieres está sucediendo. Ves en tu imagen a la gente agradecida contigo, dando testimonios de lo que hiciste, te llegan correos electrónicos felicitándote, o tal vez tú estás recorriendo tu casa nueva, viendo el estado bancario de tu cuenta con cierta cantidad, etc. Pero debes de sentir; si no sientes, no es efectiva la visualización. La visualización te debe de hacer sentir bien, sin prisas ni dudas, sereno.

> *La imaginación es la fuerza más maravillosa,*
> *poderosa e inconcebible jamás conocida por el mundo.*
> Napoleon HILL

Agradece: Cuando tienes un sentimiento de agradecimiento visualizas mucho mejor. La imaginación impacta toda nuestra vida, ya que se refiere a encontrar a nuestro Dios dentro de nosotros, esa facultad divina de crear y de ser "a imagen y semejanza".

En conclusión, para visualizar utiliza los siguientes pasos:

1) Escribe lo que sí quieres, usa tu imaginación y construye tu imagen.

2) Usa la concentración para sostener la imagen en la pantalla de tu mente.

3) Siembra la imagen en tu mente creativa visualizando repetidamente (visualizando varias veces al día, semana y mes) y emociónate con lo que estás viendo (usa tus cinco sentidos para "sentir" la imagen en tu piel, óyela, pruébala, vívela con tus ojos cerrados).

4) A partir de ese momento comenzarás a atraer cosas, oportunidades y a las personas perfectas para que suceda.

5) Actúa sobre las ideas que te comiencen a surgir. Escucha con detenimiento, ya que a través de tu intuición (voz interior) tu creador te estará dando los pasos a seguir para convertir al plano físico la imagen.

Usar conscientemente tu facultad de visualizar es lo que te va a dar los resultados que deseas. Cree en tu imagen y aprende de Hill: "Todo lo que tu mente puede concebir y creer puede ser logrado".

30

Latinos en acción 5:
El dibujo que me cambió la vida

Este maravilloso dibujo que aquí ves, es tal vez el más importante que hayas visto en tu vida. Fue realizado en 1934 por el doctor Thurman Fleet y es la forma de poder darle imagen a algo que nadie ha visto nunca pero que todo crea: la *mente*.

Es un dibujito que representa a cualquier ser humano, sea migrante o no, trabajador o desempleado, exitoso o fracasado, sano o enfermo... feliz o infeliz. Todos somos esa caricatura, no importa nuestra nacionalidad u origen, idioma, religión, color o sexo. Todos somos ese dibujito y lo único que nos hace diferentes entre mexicanos y estadounidenses, sirios y chinos o kenianos y australianos es nuestra cultura e ideas, nuestra forma

Cinco sentidos (vista, gusto, oído, olfato y tacto)

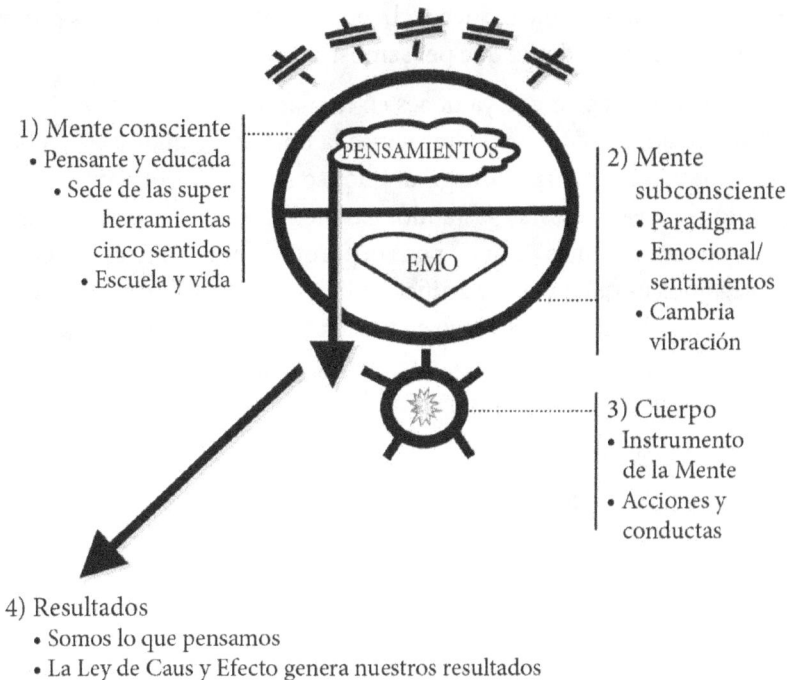

1) Mente consciente
- Pensante y educada
- Sede de las super herramientas cinco sentidos
- Escuela y vida

PENSAMIENTOS

EMO

2) Mente subconsciente
- Paradigma
- Emocional/ sentimientos
- Cambria vibración

3) Cuerpo
- Instrumento de la Mente
- Acciones y conductas

4) Resultados
- Somos lo que pensamos
- La Ley de Caus y Efecto genera nuestros resultados

de ver el mundo, que es lo que nos hace pensar de cierta manera, y como ya hemos dicho que somos lo que pensamos, pues ahí está toda la diferencia entre quien eres y quien te dijeron que eres. En esencia, si atravesamos esa parte, la de la cultura de los países, las familias o las razas, todos somos exactamente iguales, y el dibujito que por respeto a su autor llamaremos *Stickperson* nos permite entenderlo de una manera muy sencilla. Este eres tú o cualquiera de los más de 7'000,000,000 de personas que habitamos este maravilloso planeta:

Conclusión del *Stickperson*

1) Mis pensamientos e imágenes crean...

2) Mis emociones y sentimientos que crean...

3) Las acciones y conductas de mi cuerpo que crean...

4) ¡Todos los resultados que obtengo en todos los aspectos!

El *Stickperson* es el mejor dibujo para poder explicar por qué *somos lo que pensamos*.

Entonces, Paisa, ¿en qué estás pensando? ¡Ya no tienes pretexto! El *Stickperson* ahora te explica el proceso para crear todos los resultados que hoy estás obteniendo y te hace responsable de todo lo que pienses, porque eso generará todos lo que te suceda, bueno o malo. ¿Comprendes por qué es tan importante cuidar lo que pensamos?

Comienza a pensar que ya tienes en tu mano el permiso de residencia o nacionalidad, comienza a pensar y crea la imagen de que ya está toda tu familia contigo, comienza a imaginar que ese millón de dólares ya es tuyo, lo ves, lo sientes... ¡lo estás gastando! Comienza a pensar, pensar, pensar, pensar y pensar y nunca dejar de pensar, porque la gran conclusión a la que aquí llegamos es que pensar significa utilizar tus super herramientas para crear primero en tu mente y luego en tu vida todo lo que deseas. Dicho esto podrás concluir que muy poca gente piensa, ya que muchos podrán tener actividad mental pero no están pensando.

¡A pensar se ha dicho!

Explicación a detalle de *Stickperson*

1) Parte superior: La mente consciente.

PENSAMIENTOS

• Es la parte de nuestra mente que se utiliza para crear ideas, sueños, y encontrar soluciones a todos los problemas.

- Aquí está la mente educada o pensante, donde radica toda la información que la escuela y nuestras experiencias nos dieron. Es con la que pensamos.

- Es la mente intelectual, que tiene la posibilidad de aceptar o rechazar ideas que nos llegan "del exterior de nosotros" a través de medios de comunicación, comentarios o dudas y miedos que solemos tener.

- Aquí es donde están los cinco sentidos, que son pequeñas antenitas invisibles que nos conectan con "el exterior" y que nos permiten ver, oír, tocar, oler o degustar y a partir de ello creamos una idea, y luego una imagen... y de ahí se desata todo el proceso creativo.

- Aquí es donde también están las facultades superiores, las super herramientas, esos regalos que tenemos por nacimiento: La razón, la memoria, la perspectiva, la imaginación, la concentración/voluntad y la intuición.

- Aquí radica el Genio que todos tenemos y que nos permite "pensar". Cuando pensamos, lo que estamos haciendo es utilizar nuestras facultades superiores para crear la imagen ideal y arrancar el proceso creativo para obtener los resultados que sí queremos.

- Es la parte que nos permite usar nuestra experiencia para crear, y si la experiencia no es suficiente entonces nos conecta con una inteligencia superior de donde salen todas las respuestas. Aquí es donde el Mastermind consigue la posibilidad para crear cosas nunca antes vistas, como el internet, el avión, la teletransportación o poner a una persona en el espacio exterior.

2) Parte media: La mente subconsciente.

EMO

- Se le conoce también como la mente emocional. La Biblia y los antiguos griegos también la llamaron "El corazón". Recuerda en las sagradas escrituras la parte de Proverbios cuando dice: "Como el hombre piensa en su corazón, así es él".

- Aquí es donde radica el paradigma. Esa multitud de ideas que arraigadas aquí se convirtieron en hábitos que ahora son los responsables de todos nuestros resultados.

- De aquí es de donde vamos a expulsar las ideas de limitación y miedo, y donde sembramos las ideas de abundancia, fe y creación de lo que sí queremos.

- Acepta todo lo que le quieras introducir en nuevas ideas. No cuestiona nada, todo lo acepta.

- Es la parte encargada de cambiar la vibración de tu cuerpo, para que cambie tu conducta y generes nuevos resultados.

3) Parte inferior: El cuerpo.

- Es el instrumento que sirve para ejecutar las órdenes creadas a partir de las nuevas ideas que hemos creado y sembrado en nuestra mente.

- El cuerpo, al realizar acciones y comportamientos diferentes (cambiados a partir de la nueva idea o sueño), comienza a recibir nuevos resultados.

- Los nuevos resultados se obtienen a partir de una reacción del mundo exterior a las nuevas acciones y comportamientos de la persona. Las nuevas acciones generan nuevos resultados. Esto opera por ley, la Ley de Causa y Efecto (a toda acción hay una igual reacción). Por lo tanto, si das más, obtienes más; si das menos, obtienes menos.

> *Lo que hagas de la vida depende de ti,*
> *tienes todas las herramientas y recursos que necesitas.*
> *Lo que hagas con ellos depende de ti. La elección es tuya*

> Bob PROCTOR

31

Latinos en acción 6:
Escribe ya por adelantado la que será
la historia de tu vida y busca quien te guíe

Querido Paisano Latino y migrante de cualquier parte del mundo, las reglas que te acabamos de dar en este libro constituyen la respuesta a todas las preguntas de tu vida. Es la ruta que te puede llevar a hacer el cambio radical que siempre quisiste, o bien dejarte igual que como ahora estás.

Sólo que hoy ya sabes cuál es el problema de quedarte *igual que como ahora estás*. Estamos en este mundo para crear o desintegrar, y la única forma de crear es creciendo todos los días, avanzar con rumbo a nuestra meta, tener logros todos los días, y eso sólo se obtiene saliéndose de la zona de confort, o lo que es lo mismo, de *donde ahora estás*.

Tu zona de confort es tu estado actual, bueno o malo pero actual. Nuestra naturaleza está concebida para ser felices, pero insatisfechos. Agradecidos por todo lo que tenemos, pero insatisfechos. Estar insatisfecho no nos hace malas personas, al contrario, nos hace vivir a diario con ese espíritu de expansión y crecimiento en todo lo que hacemos en nuestra vida.

Una persona que no crece todos los días y avanza algo hacia su meta, no está creando, y por lo tanto sólo puede estar haciendo una cosa: Desintegrando. El que no crece cada día rumbo a su meta, es menos que el día anterior. Es una regla de la vida: Crea o desintegra. No hay términos medios para esto.

Por lo tanto, Paisa, hoy *siéntete profundamente agradecido por todo lo que tienes, pero pide más*. Pide más salud, pide más tiempo con tus hijos, pide más viajes a tu país para visitar a tu familia, pide un mejor sueldo, pide más felicidad y alegría y, por supuesto, pide más abundancia y dinero, mucho dinero para con él poder darte confort a ti y a todos los que amas, ¡pide tu primer millón de dólares! Cuando tienes mucho dinero puedes darles casa, alimento, vestido, salud de calidad, confort y mucha alegría a los que amas. Entonces, ¿por qué no pedir más, mucho más?

Como dice mi mentor Bob Proctor: "Mucho dinero" es más del que te puedas gastar en ti cuando estas despierto y con lo que te sobre poder prestar grandes servicios (aún estando dormido) haciendo lo que más te gusta, mucho más allá de tu presencia física. Por lo tanto, te sugerimos lo siguiente:

En este momento y con la pluma y papel que tengas más cerca, comienza ya a escribir la historia de lo que sí quieres. No lo dejes para más tarde ni para mañana porque hay muy altas posibilidades, al no hacerlo en este momento, de que nunca lo hagas. El paradigma se encargaría de que te quedaras en tu zona de confort para que nada cambie. Hazlo hoy, y como dice Emerson: "Haz las cosas y tendrás el poder para hacer las cosas", esto es, empieza a hacerlo y se pondrá todo a tu favor para que termines de hacerlo.

Te sugiero comenzar así:

Hoy, yo estoy muy feliz y muy agradecido ahora que... estoy ganando un millón de dólares... estoy unido con mi familia... mi situación migratoria está regularizada... mi nueva casa es maravillosa... mi salud está mejor que nunca... ahora se me está presentando la oportunidad que siempre quise (y descríbela en tiempo presente)... el dinero viene a mí en cantidades crecientes, de distintos orígenes y de manera permanente...

Y tú irás llenando de manera estratégica los huecos y frases con lo que desees que suceda a partir de hoy.

Si atiendes las sencillas acciones que aquí te he sugerido y que me fueron enseñadas a lo largo de casi una década por Bob Proctor y su fenomenal equipo, te garantizo que lograrás lo que quieras. Y no es porque sea mi capricho que así sea, sino porque opera por ley. Si la obedeces opera a tu favor, y si no la obedeces también opera, pero en sentido opuesto.

Espero que esto te ayude a entender por qué hay tanta limitación, pobreza y carencias en el mundo, es sólo ignorancia de esta sencilla forma de lograr todo, pero que desafía nuestra lógica y educación de toda una vida, ¡y toda una civilización! ¿Te imaginas cómo sería América Latina, Irán, Kenia o Argelia si sólo hubiera un pequeño cambio en la forma de pensar de su gente?, ¿Te imaginas cómo sería cualquiera de nuestros países si tan solo quienes los gobiernan y dirigen utilizaran estas herramientas para gobernar y organizarnos a todos en un espíritu de armonía, esperanza, creatividad y honestidad? ¡Guau! De sólo pensarlo se me eriza la piel.

Empieza a escribir ya el guión de tu vida, hazlo corto, sencillo y que te haga sentir bien. Visualiza lo que puedas y practica varias veces al día hasta que se te vuelva un hábito. *Recuerda que las repeticiones de visualizar, leer, escuchar y escribir cambian tu paradigma, y que tu paradigma crea tus resultados.*

Y una cosa más, la mejor sugerencia que encontrarás en este libro:

Si quieres estar seguro de que lo estás haciendo bien y de que las cosas buenas sucedan lo más pronto posible, *consíguete un mentor, coach o entrenador que te guíe por el camino adecuado, y haz lo que se te indique.* Haz exactamente lo que te diga y como te lo diga y, si es un buen mentor, te aseguro que te encontrarás con el éxito mucho antes de lo que te imaginas. Cuando la gente recibe las indicaciones correctas y las ejecuta, siempre tiene éxito. No dudes en invertir tiempo y dinero en ti, es la mejor inversión que jamás podrás hacer, y recuerda esta anécdota que me compartió Proctor en algún seminario en el que estuvimos trabajando con él: Al preguntarle una persona cuánto dinero costaría aprender la fórmula del éxito con un buen mentor, él le contestó: "¿Cuánto constaría qué? ¿Aprender la fórmula o no aprenderla?". La pregunta se responde por sí sola.

Price Pritchett, en You2, su manual de pasos cuánticos, nos lo dice: "Realiza tu acción antes de que estés listo (...) 'Alistarte' es, francamente, una táctica estancada, un acto de ansiedad, un juego de tontos que te estás jugando a ti mismo (...) ya estás listo para saltar a un plano más alto de rendimiento. Si esperas a que puedas hacerlo perfectamente, nunca lo harás (...) El momento para comenzar es ahora".

De todo corazón espero que los millones de migrantes que rondamos por todo el mundo encontremos en estas páginas una buena razón para cambiar nuestras circunstancias, nuestros resultados, nuestro mundo y nuestra civilización, ¡así sea! Todo lo que queremos ya existe, es sólo cuestión de estar conscientes y manifestarlo.

Yo soy el principio y el fin, y no hay nada
que ha de existir que no haya sido y existe ya.
Ecclesiastés 3:15

32

Palabras de eterno agradecimiento al señor Presidente de los Estados Unidos de America, Mr. Donald Trump

Scottsdale, Arizona. Verano de 2017

Muy distinguido señor Presidente:

Al menos durante las últimas cinco décadas, todos los presidentes de esa gran nación que hoy encabeza, de alguna manera u otra tuvieron el tema migratorio como una prioridad. Persiguieron a los paisanos, deportaron a millones y jugaron el juego del proteccionismo anti inmigrante en una nación de inmigrantes. Sin embargo, permítame reconocerle que para los migrantes nunca existirá ninguno como usted. Nadie usó la ley con tanta convicción y endogamia patriótica como usted lo hizo.

La mayoría del mundo considera que usted es presa de un odio racista, intolerante y sin compasión hacia nosotros los migrantes del mundo, pero en especial contra los Latinos. Sin embargo creo que no es así, creo que simplemente el hartazgo de una vida de miserias, miedos y persecuciones sin fin lo puso en nuestro camino. Tuvo usted desde su campaña tanta habilidad inconsciente para involucrarnos emocionalmente con miedo, dudas y preocupaciones, que cambió nuestra vibración y terminamos atrayéndolo hacia nosotros, así de fácil y así de sencillo. Gracias por estar en donde está.

Si usted no hubiera aparecido repentinamente a amenazarnos, insultarnos y perseguirnos, no hubiéramos despertado a la conciencia de todo lo que ahora sabemos que podemos hacer. Si no le hubiera faltado al respeto al pueblo mexicano con el asunto del muro y con sus declaraciones, no hubiera sido tan fácil la solidaridad mundial. El miedo es una de las más grandes emociones que existen y, aunque destructiva, también puede ser utilizada para crear. Usted nos ayudó a sembrar ese miedo y a desarrollarlo a niveles creativos insospechados, y ahora que ya estamos vibrando alto es sólo cuestión de sembrar para cosechar.

Gracias, don Donald, poca gente ha hecho tanto por la comunidad migrante como lo ha hecho usted; gracias de verdad, ya que nuestro mundo y su Nación nunca volverán a ser los mismos después de usted... y de nuestro despertar a la vida que siempre soñamos.

Le deseamos éxito, abundancia y salud en todo lo que le depare el destino.

Con gratitud y respeto,

Dr. Marcelo GT
Tan solo un migrante más.

Anexo

Los Siete Principios del *Mastermind*

Inicio siempre cada reunión de mi *Mastermind* leyendo estos siete principios y su compromiso:

Yo me entrego	Me entrego al *Mastermind*, porque soy más fuerte cuando tengo a otros ayudándome.
Yo creo	Creo que la combinación de inteligencias me lleva a una sabiduría de mayor nivel que la mía.
Yo entiendo	Entiendo que más fácilmente obtengo resultados positivos en mi vida cuando estoy abierto para observarme a mí, a mis problemas y oportunidades desde el punto de vista de otros.
Yo decido	Decido liberar totalmente mi deseo al *Mastermind* y estoy abierto para aceptar nuevas posibilidades.
Yo perdono	Me perdono por los errores que he cometido. También perdono a los que me han herido en el pasado para poder avanzar hacia el futuro de una manera sana.
Yo pido	Pido al *Mastermind* escuchar lo que realmente quiero, mis objetivos, mis sueños y mis deseos, y yo los escucho a ellos apoyarme en alcanzar mis logros.
Yo acepto	Yo entiendo, me relajo y acepto, creyendo que el poder de trabajo del *Mastermind* responderá a todas mis necesidades, y estoy agradecido de saber que esto es así.

Dedicación y compromiso

Ahora tengo un pacto en el cual está acordado que el *Mastermind* me provee de abundancia en todas las cosas necesarias para vivir feliz y exitoso. Me dedico al máximo a estar al servicio de Dios y de mis compañeros seres humanos, a vivir de una manera que dará a otros el más alto ejemplo a seguir y a mantener un canal abierto a la voluntad de Dios. Ahora yo avanzo con espíritu de entusiasmo, emoción y esperanza.

Acerca del autor

El Dr. Marcelo GT es esposo de una extraordinaria emprendedora, escritora, guionista y estudiosa de la mente; es padre de dos hijos y tiene una vasta y exitosa experiencia en diversos campos. Cuenta con una sólida formación humanística, académica, social, medioambiental, deportiva, política y de valores. Es Doctor en Administración y en su vida pública y profesional ha sido Catedrático Universitario por más de quince años; Diputado, Director General de la Seguridad Social del Estado; Secretario de Educación, Cultura y Deporte, y por tres años enlace de su Estado ante la Oficina de la Presidencia de la República Mexicana.

Como abogado, politólogo, administrador y consultor en diversos ámbitos, en especial en materia de desarrollo y crecimiento humano, corporativo y de gobiernos, es bien conocido como "El Rey Midas" o "El Torbellino" debido a la rapidez y precisión con la que transforma exponencial y masivamente y hacia su mejor versión todo lo que se le encomienda.

Desde el año 2009, el Dr. Marcelo GT se convirtió en uno de los más destacados estudiantes latinos de la fórmula del éxito de Bob Proctor para convertir las ideas en cosas. En el 2016, después de siete años de estudiar de manera continua el proceso creativo que decreta que "nos convertimos en lo que pensamos", se acreditó como Coach Certificado y ahora es considerado Consultor Líder en América Latina y España dentro del Proctor Gallagher Institute.

Sus prolongadas estancias en México, Estados Unidos, Canadá, España y Argentina y haber viajado por más de 40 países le han permitido conocer a fondo la idiosincrasia y los paradigmas Iberoamericanos y de los migrantes del mundo. Trabajar y ser entrenado por el Dr. Marcelo GT, ¡es una garantía para generar resultados masivos! Sus enseñanzas las centra en la ya probada fórmula de Bob Proctor para transformar personas, empresas y gobiernos y para ayudarlos a entender y liberar el potencial infinito que existe en ellos.

Para saber más sobre el Dr. Marcelo GT visita su sitio de internet:

www.concienciaenmovimiento.com

www.drmarcelogt.com

*Para conocer cómo puedes ser entrenado
personalmente por Bob Proctor y el Dr. Marcelo GT,
envía un e-mail a:*

info@concienciaenmovimiento.com

info@drmarcelogt.com

www.ingramcontent.com/pod-product-compliance
Lightning Source LLC
Chambersburg PA
CBHW050118280326
41933CB00010B/1155